冰雪运动专业人才培训教程

刘佳奇　韩晓伟　编著

人民體育出版社

图书在版编目（CIP）数据

冰雪运动专业人才培训教程 / 刘佳奇, 韩晓伟编著
. -- 北京：人民体育出版社, 2022
ISBN 978-7-5009-6224-3

Ⅰ. ①冰… Ⅱ. ①刘… ②韩… Ⅲ. ①冰上运动－人才培养－教材②雪上运动－人才培养－教材 Ⅳ. ①G86

中国版本图书馆CIP数据核字(2022)第185975号

*

人民体育出版社出版发行
北京新华印刷有限公司印刷
新　华　书　店　经　销

*

880×1230　32开本　4.5印张　107千字
2022年11月第1版　　2022年11月第1次印刷
印数：1—2,000册

*

ISBN 978-7-5009-6224-3
定价：30.00元

社址：北京市东城区体育馆路8号（天坛公园东门）
电话：67151482（发行部）　　　　邮编：100061
传真：67151483　　　　　　　　　邮购：67118491
网址：www.psphpress.com
（购买本社图书，如遇有缺损页可与邮购部联系）

前言

自2015年北京成功申办冬奥会以来，我国冰雪产业发展和参与人数实现快速增长。据文化和旅游部调查数据显示，全国冰雪休闲旅游人数从2016年—2017年冰雪季的1.7亿人次增加到2020年—2021年冰雪季的2.54亿人次。国家统计局社情民意调查中心数据显示，截至2021年10月，全国冰雪运动参与人数达到3.46亿人，“带动三亿人参与冰雪运动”的目标已经达成。

冰雪运动的普及促动冰雪产业蓬勃发展，全国冰场和雪场数量不断增加，制冰师、造雪师等职业逐渐进入公众视野且需求量不断攀升。制冰师和造雪师是冰场和雪场基础设施的打造者和维护者，他们的工作直接影响滑冰、滑雪运动的品质、体验感和安全性。当前，我国制冰师和造雪师人才供给严重不足，缺口很大。我国有一定经验的制冰师主要集中在黑龙江、吉林等地，就全国而言，专业素养低、资质残次不齐、人才数量少、经验缺乏是冰雪运动行业发展面临的重要挑战。此外，我国还没有开展制冰师的职业技能鉴定，大多数商业冰场或滑冰俱乐部的制冰师主要是能操作浇冰车的司机，所制作的冰面以娱乐性为主，可以制作花样滑冰、速度滑冰、冰壶等高级别比赛冰面的专业制冰师少之又少。高质量的冰面和雪场离不开高水平的制冰师和造雪师，因此，冰雪运动行业高质量发展迫切需要高水平的冰雪运动专业人才的培养。

随着北京冬奥会的成功举办，我国参与冰雪运动的人数越来越多，三亿人的群众基础，对于冰雪运动在中国的长远发展至关重要。冬奥会从筹办到举办，冰雪运动从“被动体验”过渡到“主动参与”，群众冰雪体育的运动热潮得到了极大的提高。进入“后奥运”时期，国家仍将继续大力推广普及冰雪运动。2021年10月，国家体育总局印发《“十四五”体育发展规划》指出，要实施冰雪等运动项目的推广普及工程，协调推动华中、华东、西南有条件的地区加快冰雪项目布局，实现区域间冰雪产业全面协调可持续发展。支持有条件的高等院校开设冰雪运动、冰雪管理、冰雪设备维修等专业，建设冰雪产业职业技能实训基地和人才培养基地，培养冰雪关联产业专业人才队伍。

我国冰雪运动起步较晚，制冰师、造雪师等相关人才需求的增长也是近几年才凸显出来，当前我国还没有专门培养制冰师、造雪师的教材，解决冰雪专业人才供需矛盾需要一个过程。本教材分为上、下两篇，分别介绍了制冰师、造雪师所需掌握的基本知识，弥补了我国制冰师、造雪师专业人才培养教材缺乏的空白，为相关人员提供可学习的材料，助力解决当前冰雪专业人才的供需矛盾。

真诚希望本书能够在今后冰雪运动人才培养领域发挥积极作用，为提高我国冰雪人才培养质量作出重要贡献。

本书得到了国家重点研发计划项目“科技冬奥”重点专

项《冰雪运动推广普及关键技术产品研发及示范》（项目编号：2020YFF0304800）及其子课题《冬季体育运动及传统冰雪项目普及推广与示范》（课题编号：2020YFF0304804）的支持。在本书的编写过程中，得到了首都体育学院谢军研究员、北京师范大学朱旭东教授、中国滑雪协会副主席朱志强教授的悉心指导，同时也得到了华熙冰雪体育管理（北京）有限公司总经理冯飞先生的指导与支持，在出版编辑过程中，得到了人民体育出版社姚垚老师的大力支持，在此表示衷心的感谢！

由于水平有限，本书难免会存在一些不足，衷心希望广大读者多提宝贵意见，以便今后不断完善。

编者

2022年4月

目　录

上篇　制冰师部分

上篇　制冰师部分

第一章　冰场技术指南

本章导读

冰场是一种需要精心维护的特殊建筑物，是开展冰上运动的重要场所。19世纪末，制冰技术的发展使人们可以在人造冰面上运动。随着科学技术以及保温材料的不断发展，制冰所需的资源得到了更有效的利用，世界各国都可以发展冰上运动。本章主要从冰场简介、冰场规范及国际冰联标准冰场的配置方面进行介绍，使学员对冰场有一个全面的了解。

第一节　冰场简介

冰场设施有一些共同的关注点，即能耗、运营成本和室内温度。冰场的设计和运营是独一无二的，与一般建筑物有很多不同之处。室温条件从冰面上的零下 5℃到看台的 10 ~ 20℃，以及更衣室和办公室的 20℃以上。室内湿度高会导致钢结构腐蚀、木结构腐烂和室内空气质量问题，滋生真菌和霉菌。先进技术可以大幅降低能耗，从而降低现有和拟建冰场设施的运营成本，同时改善室内空气质量。如今，对能耗成本和环境的关注给技术解决方案提出了高要求，如果没有有效的解决方案，运营（能源、维护、置换）成本将会增加。如果设施能够高效运行，就可以节省大量费用。这需要对节能技术进行投资，并提高冰场经营者的节能意识（图1–1）。

1 **保温围护结构**

- 可以在世界上任何地方建造冰场
- 气密结构避免潮湿问题

2 **供暖**

- 维持室内温度正常恒定
- 尽可能利用制冷设备产生的热量（冷凝器散热）

3 **机械通风系统**

- 确保良好的室内空气质量
- 按需控制的通风系统节省成本和能耗

4 **除湿设备**

- 除湿设备可防止潮湿问题（雾气、冰屑会损坏建筑物）
- 空气进入建筑物之前将空气干燥

5 **制冷设备**

- 制冷设备可用于制造和维护冰面
- 关注工厂的能源效率（高性能系数）

图1-1　冰场的建造、结构和运行决定其能耗水平

一个良好的冰场包括以下基本技术要素：

——保温墙和顶棚（建筑物保温围护结构）；

——高效的制冷设备；

——机械通风系统；

——高效的供暖系统，包括热能回收装置；

——空气除湿系统；

——恰当的照明装置。

一、外墙保温和顶棚

无论室外天气如何，外墙保温和顶棚可以有效控制冰场的室内温度和湿度。露天冰场受天气（气温、日照、雨水、风力）影响，运营成本高。根据周围环境的不同，露天冰场还可能存在噪声问题——交通噪声可能会对训练造成干扰，或者冰球撞击界墙的声音对周围居民造成困扰。

顶棚有助于解决日晒和雨水问题，但可能造成“室内雨”，导致维护问题：潮湿的空气会凝结在温度较低的顶棚内侧，造成滴水。冰面和顶棚之间的热传递降低了顶棚内侧的温度。虽然有技术方案可尽量减少室内滴水问题（例如低热导涂层），但有顶棚覆盖的冰场仍会受到天气条件和高维护成本的影响。

二、高效的制冷设备

制冷设备可用来制造和维护冰场上的冰（图1-2）。制冷设备包括制冷压缩机、冷凝器、蒸发器、冷却塔和冰场管道。冷凝器工作产生的热量可用于场馆供暖，从而节省能耗和成本。制冷设备是冰场主要的能耗设备。制冷系统所需的压缩机、泵和风机通常以电力驱动，占冰场用电总量的50%以上。

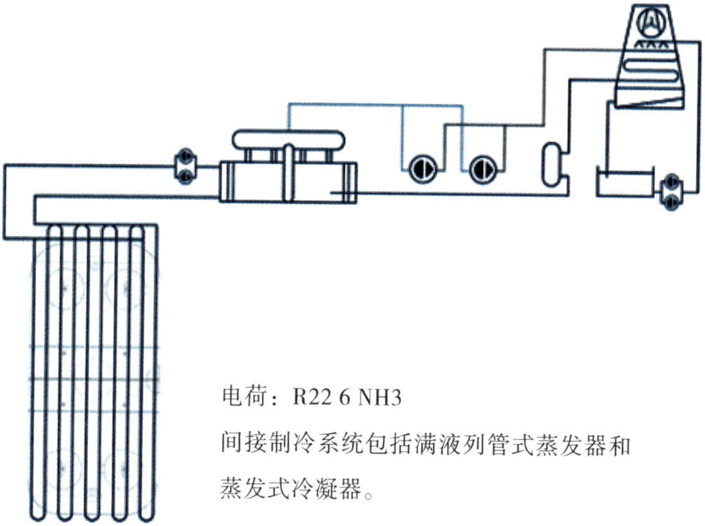

图1-2　制冷设备和间接制冷系统

三、机械通风系统

为了控制室内空气质量、温度及冰场内的湿度，机械通风系统是必需的。公共场所（更衣室、自助餐厅等）和大厅都需要通风。安装通风系统十分必要，因为在没有通风系统的密闭空间（如更衣室）内，空气中夹杂着汗味会使人很不舒服，同时，通风不足也会造成健康问题。

达到节能效果需要合理控制空调系统，这意味着冰场的外墙围护结构应该是密闭的，不能有任何未经制冷的空气通过开口（门等）和屋顶与墙壁的接缝处渗入。在温暖潮湿的季节，空气渗入将增加制冷和除湿设备的能源消耗，并且在寒冷季节增加场馆内的供暖需求。因此，这引出冰场的第四个必备设施——冰场供暖设备，即使在温暖的气候中，没有暖气的冰场温度也很低，并且很难控制空气湿度。

四、高效的供暖系统

通风装置还提供了为冰场加温的方法。用空气加热冰场需要使用再循环空气，而通风设备配有加热盘管。利用制冷设备产生的余热进行供暖可带来显著的节能效果。

五、空气除湿

除湿设备用于干燥冰场内的空气。如果室内空气湿度过高，会造成金属结构腐蚀、木结构腐烂、真菌和霉菌滋生、能耗增加以及冰面质量问题。

在谈到产品生命周期的成本时，能源消耗是一个关键因素，尤其是设备在生命周期内产生的环境负荷。要想在新建、改造及翻修项目中达到节能效果，需要对所有耗能装置和影响能耗的各种因素有清晰的了解。

冰场的建筑结构、设备系统和日常运营决定了冰场的能耗水平。建筑结构是指屋顶和墙壁的导热性和湿度传导性，以及通过建筑围护结构中的裂缝和开口渗入的空气量。从能耗的角度来看，地板的结构也很重要。设备系统包括制冷、通风、除湿、采暖、照明和冰面维护设备。日常运营是指滑冰季的长短、气温和湿度、冰的温度、供气温度、新鲜空气的进气量以及设备的控制参数。图1–3是典型冰场的能耗图谱，图1–4A和图1–4B是典型小型冰场的能量循环图。

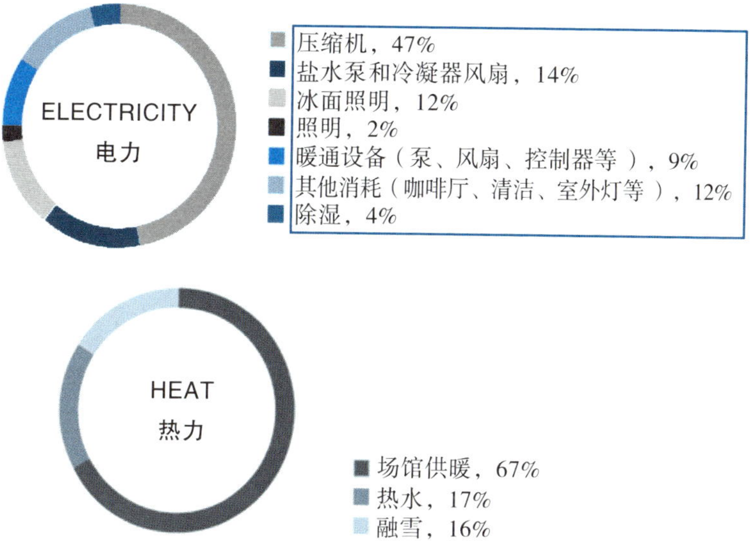

图1-3 典型冰场设施的主要电力和热力消耗图谱

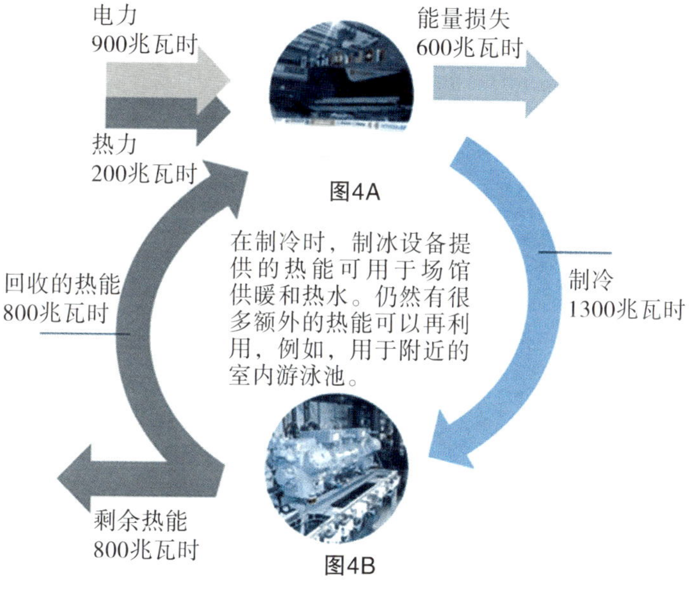

图1-4 典型小型冰场的能量循环图

理想情况下，冰场的供暖需求能被制冷设备回收的热能完全满足。而在实际情况下，冰场仍需要额外的热能来满足制造热水和供暖高峰期的需求。此外，当冰场改造为地面承接音乐会、演出、会议等活动时，冰场压缩机不再运行，场地需要一个备用的供暖系统来满足场馆需求。

第二节　冰场规范

一、冰场的定义

冰球比赛是在拥有四周围挡、带有标记的冰场上进行，遵守特定的比赛规则的比赛。冰场需保证比赛的公平、球员的安全，而且最重要的是保证观众的安全。冰场中只能使用比赛规则或国际冰球联合会规定条例所列出的标记。

任何与这些要求有偏差的国际冰联比赛都需要国际冰联的批准。

二、冰面/适合比赛

进行冰球比赛的白色冰面，称为冰场。必须由负责比赛的场内裁判员认定冰场的质量是适合比赛的。冰面的所有区域，由水和化学物质的溶液浇灌，并由保质的制冷设备冷冻或自然冷冻，以确保稳定的温度和密度。在比赛开始前或比赛进行中，冰面或冰场的任何部分被损坏，场内裁判员都要立即停止比赛，并在比赛恢复前确保冰面做好必要的修复。如果修复时间过度延误比赛，裁判员可以选择让队伍先回各自更衣室，直到修复完成适合比赛。如果不能在短期内解决问题，或者冰场、冰面的任何一部分对比赛构成危险，裁判员有权推迟比赛，直到冰面或冰场适合比赛。在局末的最后5分钟内，如果出现任何长时间的延误，裁判员仍可以选择让队伍先回各自更衣室，立即开始局间休息时间，本局的剩余时间将在冰面修复完成、局间休息结束后进行。恢复比赛后，两队防守于上一局相同的端区，当这个剩余时间结束后，在不延误比赛的前提下，交换场地，继续比赛。如果比赛区域受到浓雾或浑浊空气的影响，在比赛区域空气情况好转且比赛环境安全之前，裁判不得宣布比赛开始。

三、队员席

队员席虽然不属于冰面的一部分，但属于冰场的一部分，适用冰上的所有规则。队员席要满足以下规范：

（1）只允许穿着队服的队员和不超过八名球队管理人员进入队员席。

（2）双方队员席的尺寸和质量必须一样，不给某队任何优势。

（3）队员席距离中区红线2米，队员席长10米，宽 1.5 米。

（4）每个队员席必须有两个门，两端各一个。

（5）队员席必须位于冰场的同一侧，与记录席和各自的受罚席相对。

（6）比赛中，两队不得更改队员席。

（7）队员席有三面必须与观众隔开且封闭起来，只有一侧供球员直接滑向冰面。

（8）主队有权选择队员席。

四、受罚席

每队各有一个受罚席，设置在记录席两侧，各自队员席的对面。每个受罚席的尺寸和质量必须相同，不给予某队任何优势。受罚席要满足以下规范：

（1）球队必须使用位于他们队员席对面的受罚席，比赛中使用相同的受罚席。

（2）每个受罚席只设一个出入口，供记罚员管理人员出入。

（3）只允许记罚员、受罚球员及裁判员进入受罚席。

（4）两个受罚席都必须设置在中区内。

五、冰上物件

冰面仅供队员和场内裁判员使用。冰面上严禁任何与队员、裁判员、比赛用具、冰球无关的物件。比赛设施的任何破坏都会导致比赛停止，直到这些物件被清理，并且比赛区域已准备就绪，才能恢复比赛。

六、冰场规格

在国际冰联的顶级赛事中，冰场尺寸是长 60 米，宽25~30米。场地四角圆弧半径为7~8.5米（图1–5）。对于不符合国际冰联规则标准的某些国家，如果赛前经国际冰联核准，允许使用其他规格的场地。

提示：国际冰联世界锦标赛的标准场地尺寸必须是长60米，宽30米。

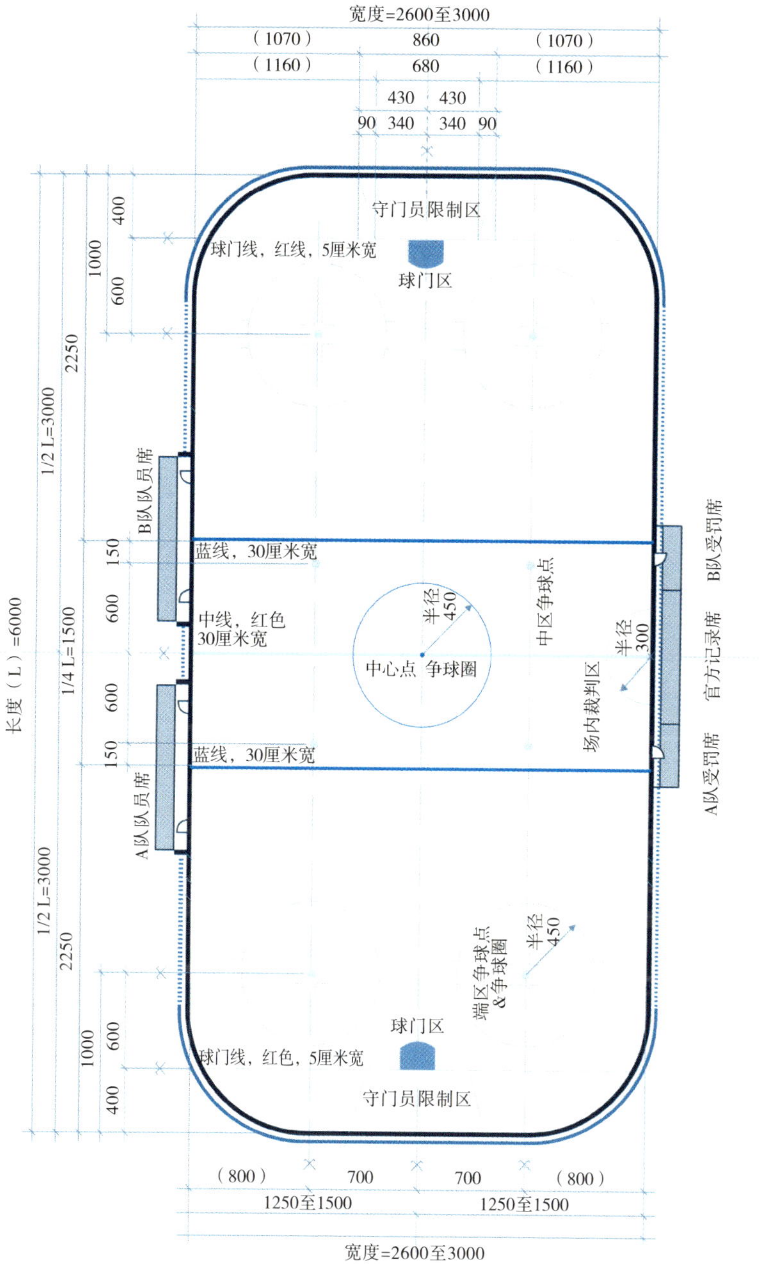

图1-5　冰场规格示意图（所有测量单位为厘米）

七、界墙

围绕场地的界墙由木料或塑料材质制成，颜色为白色。界墙要满足以下规范（图1–6）：

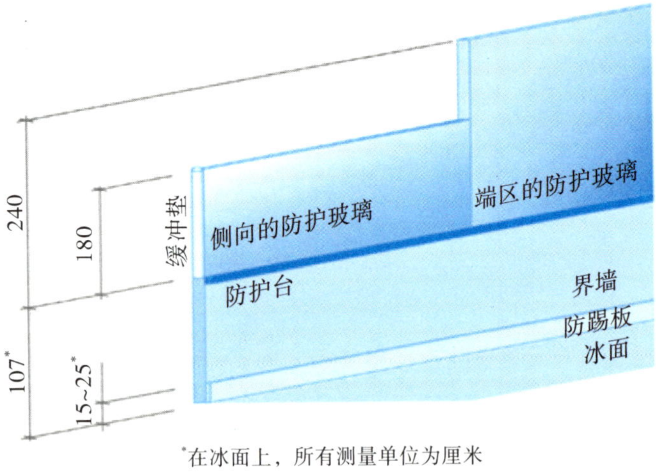

图1–6　界墙与防护玻璃安装示意图

（1）界墙板之间的缝隙应不超过3毫米。

（2）界墙面向冰面的一面应是平滑的，不得有任何使队员受伤或改变球路线的障碍物。

（3）界墙高度从冰面算起高107厘米。

（4）须在界墙底部安置一个黄色的防踢板，延伸至围绕整个冰面四周，从冰面算起高15~25厘米。

（5）界墙的顶部应安置蓝色的护台，围绕界墙四周，并标示界墙的结束点以及防护玻璃的开始点。护台应该从冰面算起高110厘米。

八、防护玻璃

界墙顶部必须嵌入安装厚度为12~15毫米、双面透明、耐用的有机玻璃或类似材料，让支柱均匀受力，使防护玻璃的各部分柔韧紧密。国际冰联赛事中强制使用防护玻璃。防护玻璃要满足以下规范：

（1）位于球门后的防护玻璃高2.4米，长度从死球线向蓝线延伸至少4米，沿边线界墙上的防护玻璃必须高1.8米，队员席前面的位置除外。

（2）队员席前不得安装防护玻璃，但队员席和受罚席的后面及侧边必须安装规则中列出的相同高度的防护玻璃，如果防护玻璃和界墙之间有空隙，必须用防护垫填充。

（3）用于固定界墙和防护玻璃的工具及配件，必须要安装在比赛场地的外侧。

（4）各防护玻璃之间的空隙不超过5毫米。

（5）除记录台前的一个直径10厘米的圆孔之外，整圈防护玻璃的其他任何位置不得有任何开口。

（6）每一块防护玻璃必须可以单独安卸而不影响整体。

九、防护网

适当高度的防护网必须悬挂在两端球门后的端区防护玻璃上，并至少延伸至死球线与界墙的交接点。国际冰联赛事要求强制使用两端球门后的防护网。

十、界墙门

所有通向冰面的界墙门必须朝观众席方向向内拉，门与界墙之间的缝隙不得超过5毫米。

十一、冰面标记——场区划分

冰面上有5条分界线：球门线、蓝线、中区红线、蓝线、球门线。这5条线横贯整个冰场并垂直延伸到边线界墙的护台上。中间的3条线把冰场标示为3个区——守区、中区和攻区。这3个区域分别为球门线到蓝线、蓝线到蓝线、蓝线到球门线的范围，从每条线的中点作测量。场区划分要满足以下规范（图1–7）：

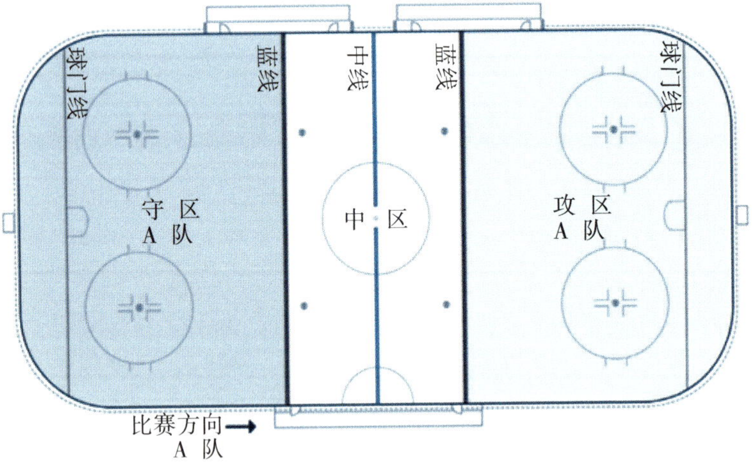

图1–7　场区划分示意图

（1）中区红线均等划分冰场长度，中区红线宽30厘米，延长至防踢板和界墙的整个高度直到护台上，如果允许广告做在界墙上，则中区红线至少要标示至防踢板。

（2）两条球门线必须从冰场两端区的界墙水平面（而非弯曲部位）的中间开始计，距4米处标示，线宽5厘米。

（3）两条蓝线与冰场两端区界墙水平面的距离为22.86米，蓝线宽 30 厘米，延长至防踢板和界墙上，如允许广告做在界墙上，蓝线至少要标示至防踢板。

（4）室外冰场所有线的宽度均为5厘米。

十二、冰面标记——争球点和争球圈

争球点和争球圈要满足以下规范（图1–8）：

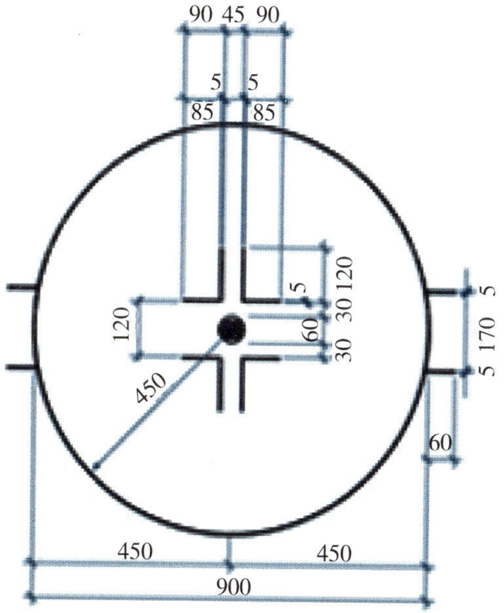

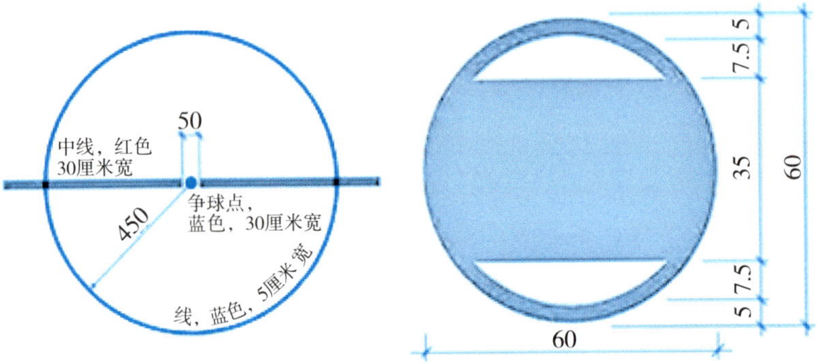

图1-8　争球圈和争球点示意图

（1）冰面上须有9个争球点，场内裁判只可以在这9个争球点上运动员争球开始比赛。

（2）除了中心争球点是蓝色，其他所有争球点须为红色。

（3）在冰场的正中心，一个直径为30厘米的蓝点是中心点，以中心点的中心为圆心，用宽5厘米的蓝线画一个半径为 4.5米的圆，称为中心争球圈。

（4）中区共标示 4个直径为60厘米的争球点，距每条蓝线1.5米处各有两个，从两端的球门线中间画一条虚拟的直线，端区争球点和中区争球点到这条虚拟直线的距离是相等的。

（5）在两个端区，每个球门的两侧，共有4个直径为60厘米的争球点，以及宽为5厘米、半径为4.5米的争球圈，在端区争球点的两侧必须标记双“L”。

（6）端区争球点的位置：一条直线连接两端球门线的中心，距死球线6米处的平行线上画两个点，这两个点各位于距离这条直线7米处，每个点都是端区争球点的中心。

十三、冰面标记——区域

冰面上共有3个区域，其中两个分别位于各球门前为两名守门员所用，另一个位于记录台前为场内裁判员所用。冰面区域要满足以下规范：

（1）紧靠记录席前面的冰面，用宽5厘米的红线画一个半径为3米裁判区。比赛停止期间，当场内裁判员在此区域协商或向场外裁判员报告时，不允许队员进入（图1–9）。

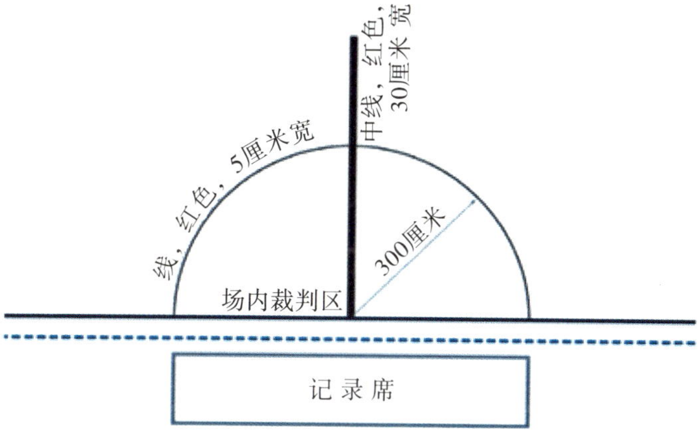

图1–9　裁判区

（2）在每个球门前，用宽5厘米的红线画一个球门区。

（3）球门区内的冰面应涂为浅蓝色，球门以内的冰面应涂为白色。

（4）球门区是一个三维空间，包括从冰面上的标记到球门横梁顶端的空间，球门区按如下方法画出：①以球门的中心点为圆心，以180厘米为半径，用5厘米宽的红线在球门线前画成半圆；②长15厘米、宽5厘米的“L”型画于半圆内的两个前角；③“L”的位置是从球门线向前122厘米与半圆相交处。

（5）所有区域必须从线的外侧边缘开始测量，界限区域包含线的整个宽度。

十四、球门

球门要满足以下规范（图1–10）：

（1）每个冰场必须有两个球门，冰场两端各一个。

（2）球门包括球门框和球门网。

（3）球门的开口必须正对冰场中心。

（4）每个球门必须位于死球线正中间，必须在比赛过程中保持稳定。在国际冰联顶级比赛中，强制使用活动的球门钉，并强烈推荐其他比赛也使用活动球门钉，用作球门钉的孔必须位于死球线上。

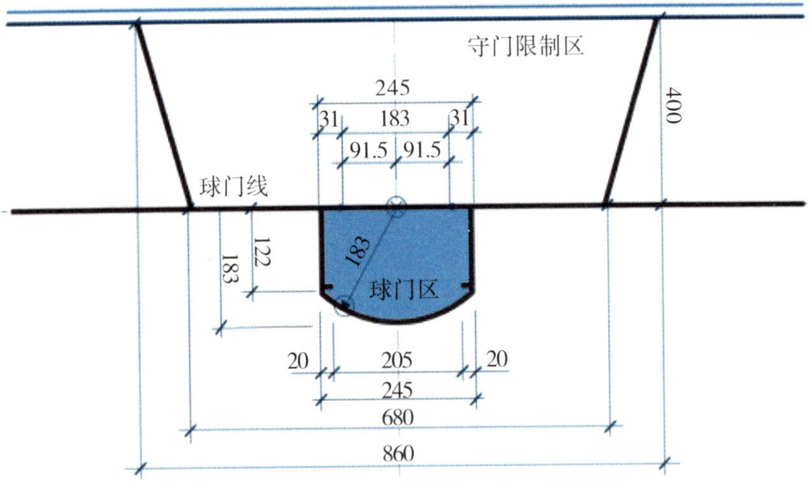

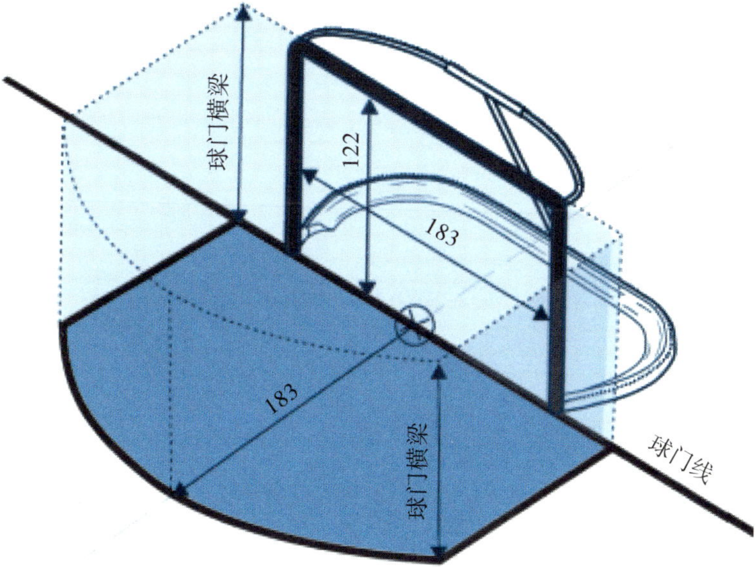

图1–10　球门区示意图（单位：厘米）

（5）球门柱垂直高度从冰面算起1.22米，两球门柱内侧之间相距1.83米（内部测量）。球门的横梁和门柱由经批准的设计和材料制成。球门横梁和门柱的外围直径应为5厘米。

（6）球门柱和横梁应涂为红色，其他球门框架必须是白色的。

（7）球门柱和横梁是由内部一个沿着冰面的白色底框、一个支架和球门网支撑构成的，最深处必须是0.6~1.12米。

（8）每个球门支架的后面应覆盖一个白色尼龙球门网，当进球时，能将球留在门内，并且防止球从其他方向进入球门（除了从前面）。

（9）要求场内裁判员在每局比赛开始之前检查球门

网。如果发现球门网有任何损坏，比赛不得开始，直至完成必要的修复。

（10）支架的内部（球门柱、横梁除外）都覆盖有白色的缓冲垫。底座处的缓冲垫从距球门柱不少于10厘米处开始，并且以不影响球完全越过球门线的方式固定。

第三节　国际冰联标准冰场的配置

国际冰联标准冰场的配置

（1）至少有一个长56~60米、宽26~30米的国际冰联标准场地，四周围绕界墙和防护玻璃，界墙外至少有 1.5米的空间。如果冰场还用于短道速滑和花样滑冰，则建议尺寸为长60米、宽30米。

（2）六间更衣室，其中包括厕所、淋浴间和存放私人物品的储物柜。

（3）两个教练室。

（4）裁判员和边线裁判员更衣室，包括厕所和淋浴间。

（5）4~10个烘干室。

（6）门厅、售票处。

（7）医务室。

（8）球队设备室（用于磨刀、球杆储存等）。

（9）储物室。

（10）强弱电控制机房。

（11）可容纳 1000 名观众的看台。

（12）公共厕所。

（13）小餐厅/售货区。

（14）租鞋部。

（15）营业区。

（16）员工办公室。

复习思考题

（1）一个良好的冰场有哪些基本技术要素？

（2）冰场规范主要包括哪些内容？

（3）一个标准冰场的规格是什么？

第二章　冰场制冰

本章导读

高质量冰面是高质量冰场的重要体现，冰场制冰是制冰师应该掌握的重要技术。本章主要介绍了冰面结构、制冰与冰面标记设置、机械与电气设备及能源消耗等方面的内容，能够使学员对冰场制冰技术有一个整体性的了解，为建设高质量冰面奠定基础。

第一节　冰面结构

一、冰面构造

冰场中最特别的结构就是冰面。冰面由冰层下的地面、隔热层、管道和冰面本身组成。技术革新使冰面结构采用新的材料和新的技术解决方案，同时优化能源效率和建筑成本（图2-1）。

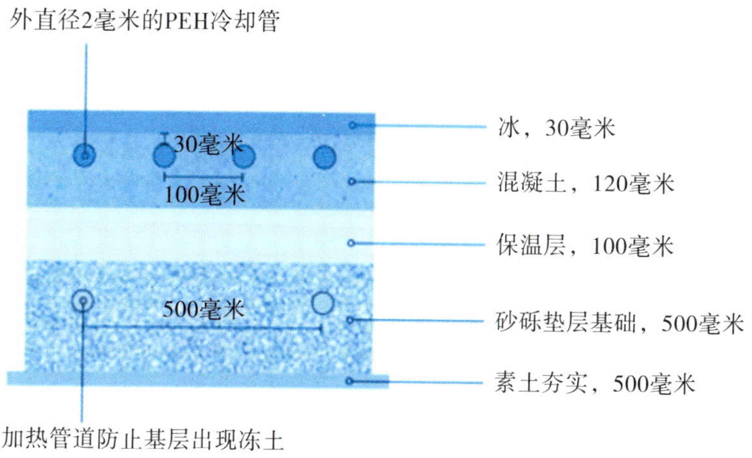

图2-1　典型的冰面构造

二、冰面结构的铺面材料

冰面结构最常见的铺面材料为混凝土和沥青。

混凝土铺面的优点是具有良好的导热性，并且铺面成本最低、能效较高，但可用性仅限于冰上运动。而沥青铺面适合某些特殊需求，例如，在非雪季时将冰场用于网球运动。沥青比混凝土便宜，但其制冷的能耗更高。

第二节　制冰与冰面标记设置

提供专业、高品质冰面的关键因素包括：（1）冰场制冰团队的技能和经验；（2）合理设计和建造冰场设施；（3）冰场制冷制冰设备、地板下冰板和除湿系统的正确设计、安装和操作；

（4）用于制冰的水的质量；（5）用于冰场标记和标识的产品质量；（6）恰当的制冰设备和工具。

一、冰场制冰团队的技能和经验

（1）基本技能和知识基础。

（2）投入和热情。

（3）预先准备和组织工作。

（4）良好的团队领导能力和团队合作精神。

二、合理设计和建造建筑围护结构

（1）围护结构必须包含以下要素：保持冷气不外漏，并阻挡外部热空气进入；易于管理和去除设施内部热气流；空气与外部空气关联；保持高的空气湿度。

（2）合理的图纸和工程设计，包括后期建设。

（3）合理的保养与维护。

三、用于制冰的水的质量

制冰水质是影响冰面质量的重要因素，关于制冰用水的质量有以下注意事项：

（1）制冰水质依赖于水源：溶解固体、有机物和矿物成分。不理想的制冰水会导致雪霜增加、根部断裂和开缝及减速滑行。

（2）高质量制冰水质体现在：浓密；无氧气成分；Ph酸碱值趋近于7。

（3）加热制冰水的要求：推荐60~70℃——最小化氧气含

量；热水箱系统和适当的大小——每次浇冰用水350升。

（4）制冰水的处理系统依据水源质量来衡量是否需要。制冰水的处理系统要能为制冰提供合理的空间，需要有资格的供应商进行合理的设计和安装，同时合理关联制冰水处理系统与能源节省。

四、用于冰场标记和标识的产品质量

（一）白色底漆

（1）多数室内冰场的常用做法。
（2）整体上提升设施的光感度。
（3）提升冰上标记、冰球门框、裁判员与观众的视觉感。
（4）冰面反射热源——有助于减少能源损耗。
（5）多数常用地铺设方法——白色粉料与水混合。
（6）用冰面喷洒器喷洒到冰面地面上。

（二）冰场的冰面标记材料

1. 彩色冰漆（最常用的工业制标记方法）

高质量的彩色冰漆应满足以下条件：

（1）不会出现传热屏障。理想情况下，它将提供比冰本身更好的导热性。

（2）具有高红外反射率值。辐射产生的热量是冰场中热负荷的很大一部分。

（3）应该是无毒的，并且当冰面被移走时，可以进行环保处理。

（4）应具有高水平的光学亮度和良好的遮盖性能，不受颜料凝固的影响。

（5）可以简单地安装和抹去。

使用彩色冰漆作为冰面标记材料的优缺点见表2–1。

表2–1　彩色冰漆作为冰面标记材料的优缺点

优点	缺点
在成本和质量方面，用于标识标记和冰上商标的白色底漆是最好的购买选择	市场上的许多劣质产品都不能用，所以必须购买质量好的产品
如果员工经过适当的培训并具有冰上绘图经验，那么安装过程会相当简单	很多颜色的商标对于没有经验的员工来说是难以完成的
与其他可用材料相比，修复受损的涂漆标记要简单得多	去除冰的过程对于没有经验的员工来说会很艰难

2. 纸

使用纸作为冰面标记材料的优缺点见表2–2。

表2-2　纸作为冰面标记材料的优缺点

优点	缺点
与冰漆相比，更容易、更快地安装线条和标记	相比冰雪涂料和纺织材料，用纸做的标记不能保持整个季度里都是明亮的，所以在一段时间后，可能很难再看到这些标记。由于这个主要原因，很少有冰场使用纸张来打标记
与使用冰涂料相比，安装过程更加清洁	不能用于制作标识
材料价格低廉	大多数使用纸标记法的冰场也需要使用冰涂料来制作白色冰面和浅蓝色的进球线

3. 纺织材料

使用纺织材料作为冰面标记材料的优缺点见表2-3。

表2-3　纺织材料作为冰面标记材料的优缺点

优点	缺点
打标记和冰标识与使用冰漆的亮度和质量相仿	与冰漆或使用纸线相比，成本是它们的4~5倍
做的标记和标识可以重复使用	剔除冰上的标记和商标的过程非常耗时
可以用于标识，而且与使用冰漆相比，安装标识的过程更简单，耗时更少	修复受损的标记和标志可能十分复杂
与使用冰涂料相比，安装过程更加清洁	通常无法修复损坏的标识

4. 乙烯基

使用乙烯基用于冰场标记时要注意：

（1）乙烯基产品的标识可能会出现一个热传导屏障，导致不能吸水。

（2）如果没有正确地安装，在标志上有足够厚的冰对运动员和工作人员来说是危险的冰面条件。

（三）冰上标识

（1）常见于现代化冰场设施的冰面。

（2）球队的标识在冰场中心。

（3）广告标识——场地收入。

（4）常用制作方法——彩色冰漆制作法。

（5）乙烯基和纺织布材料在近些年的使用呈上升趋势。

五、恰当的制冰设备和工具

（一）个人安全防护装备

1. 头部保护——冰球头盔

使用冰球头盔有助于防止因在冰场表面上工作时滑倒和摔倒而导致头部受伤（图2–2）。

图2-2　冰球头盔

2. 柔软的橡胶鞋底靴子

柔软的橡胶鞋底靴子能够在冰面上行走时提供良好的防滑效果。在冰上工作时，穿上带有防滑链的工作鞋，不仅可以防止在冰上滑倒，也可以提供最佳的保护（图2-3）。

图2-3　橡胶鞋底靴子

3. 空气过滤器呼吸面罩

在给冰面涂混合粉末冰涂料时，必须佩戴空气过滤器呼吸面罩（图2-4）。

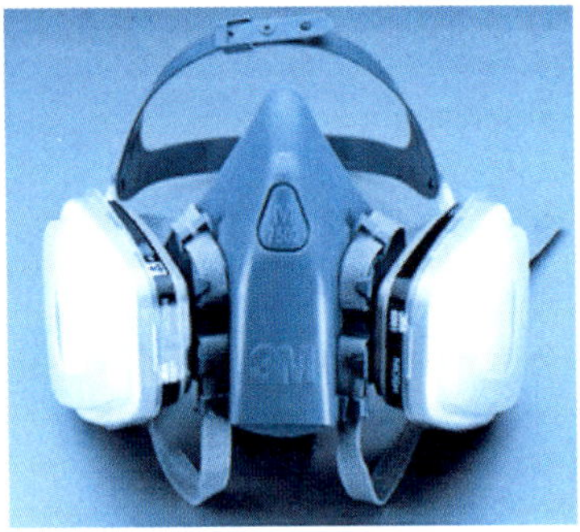

图2-4　空气过滤器呼吸面罩

（二）脚下清洁用具

在制冰和冰面上漆过程中，一定要避免工人靴子上的污垢存留在冰面上。因此，可以使用毯子、毛巾和旧衣服以保持鞋底的清洁（图2-5）。

图2-5　脚下清洁用具

（三）红外线温度枪

红外线温度枪有助于在制冰之前和制冰过程中准确地确定冰场内的温度状况。该设备可以准确地确定环境温度和实际的冰场楼板温度，以确保制作冰面时满足适当的温度水平（图2-6）。

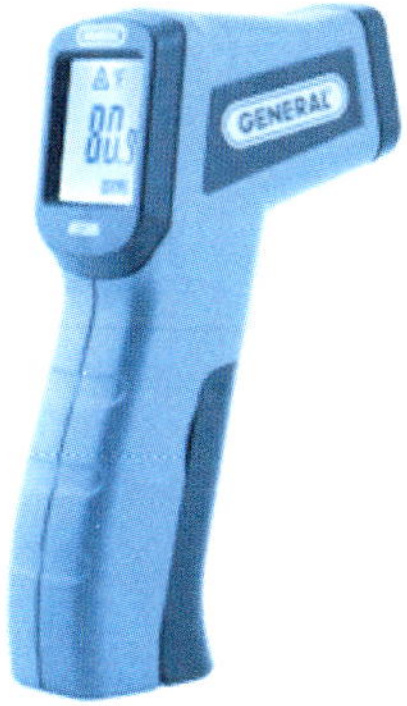

图2-6　红外线温度枪

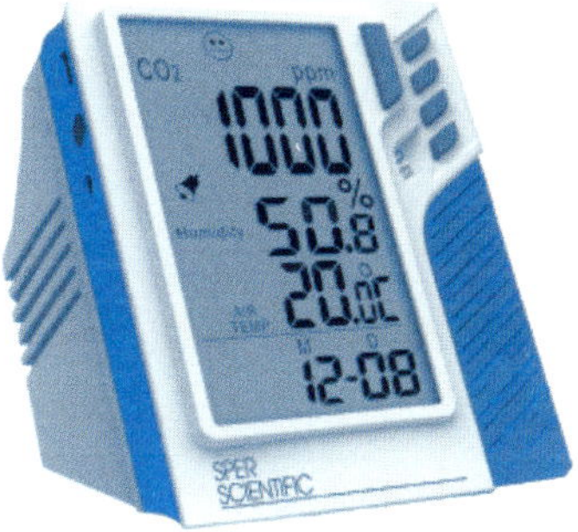

图2-7　空气质量监测器

（四）空气质量监测器

空气质量监测器可以用于测量室内空气质量水平和室内湿度水平（图2-7）。

（五）软管和喷头

如图2-8，软管要使用长75米、直径25毫米的管壁加厚的工业型水管。喷头要使用可调节水流的类型（从细洒到压力喷水）。

图2-8　软管和喷头

（六）白色冰漆喷洒器

如图2-9所示，白色冰漆喷洒器是喷洒白漆的必备工具，有多种型号类型可选择，还可以在制冰时用于增加冰面厚度。其配件主要包括塑料储水罐（700升容量）、搅拌器（用于混合冰漆粉和水）、喷雾头（用于给冰面喷漆）。

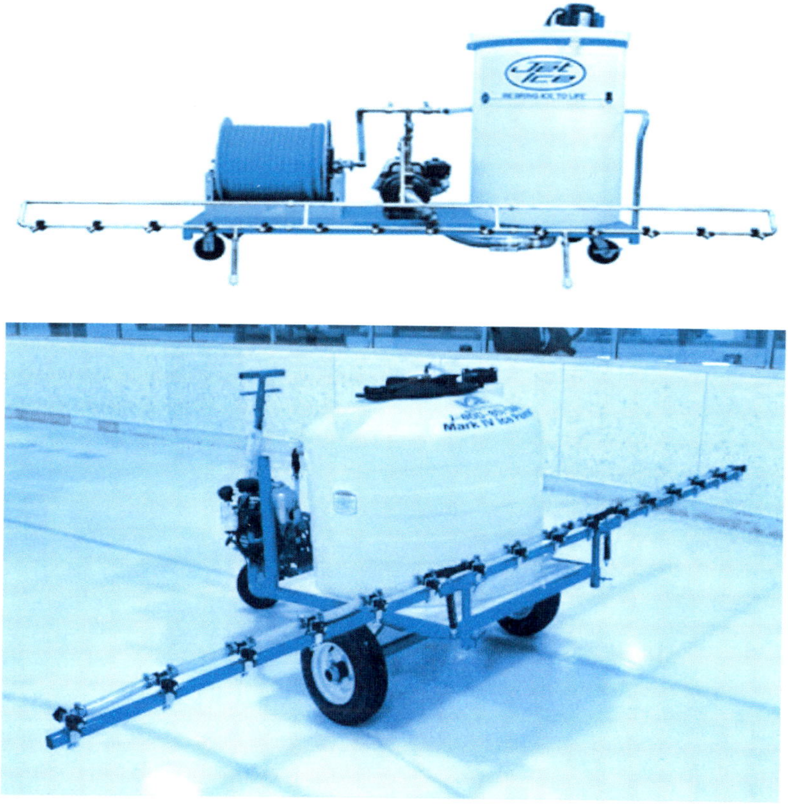

图2-9　白色冰漆喷洒器

（七）卷尺

需要两个35米的卷尺，以便在冰场表面准确地布置比赛标记和标识（图2-10）。

图2-10　卷尺

（八）永久毛毡记号笔

使用永久毛毡记号笔，用于在冰场的地板上标记。建议颜色为红色和蓝色，以匹配冰场表面的两种主要的标记颜色（图2-11）。

图2-11　永久毛毡记号笔

（九）10毫米六角螺母（1盒）

在制冰前，首先，正确测量和标记所有位置并画上“×”；其次，在给冰面上白漆之前，将六角螺母放在所有“×”标记处（图2-12）。

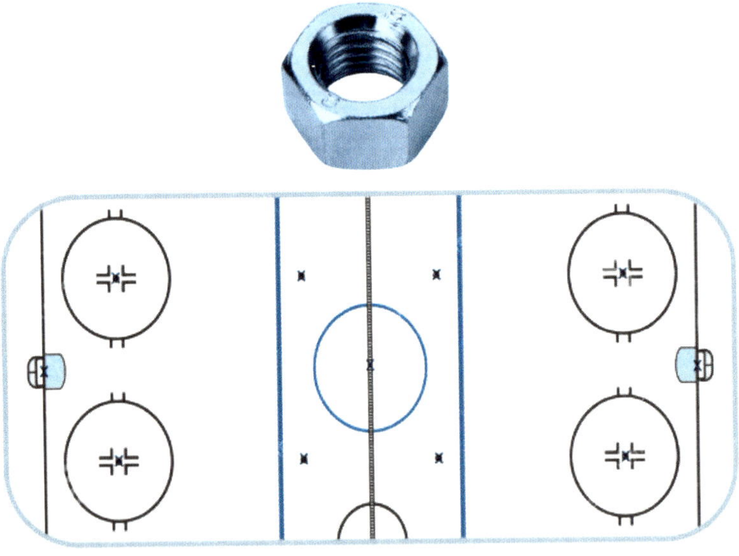

图2-12　10毫米六角螺母

（十）冰上标记的模具

使用由橡胶或波纹塑料材料制成的材质，制作符合冰球规则的相应标记模具（图2–13）。

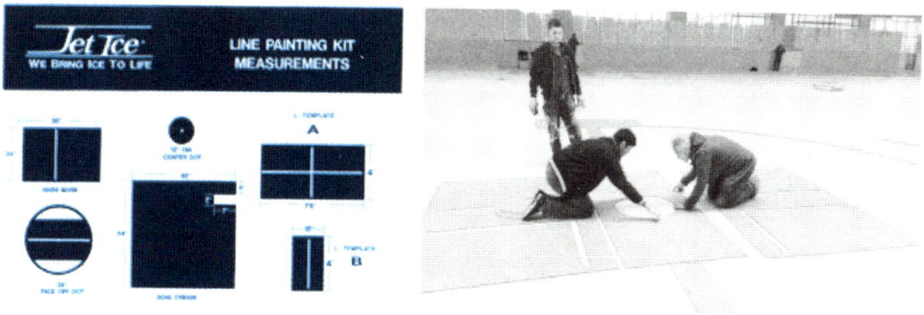

图2–13　冰上标记的模具

（十一）油漆刷

如图2–14所示，需要10把高质量的5厘米长的浓刷（其材质最好是马毛发或猪毛发）。

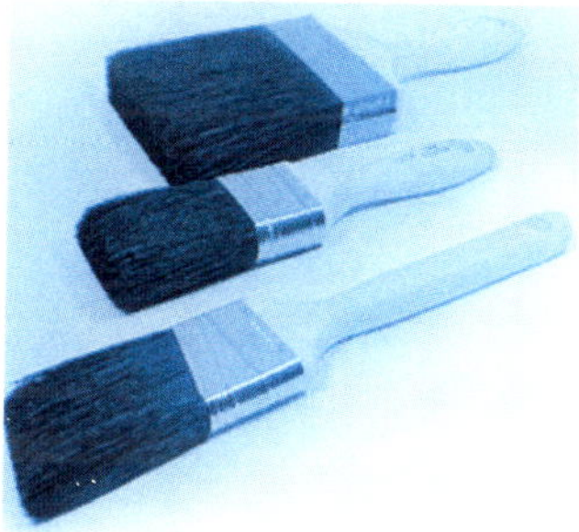

图2–14　油漆刷

（十二）冰面画线机

冰面画线机能够帮助加速冰面绘制过程。冰面画线机需要满足以下要求（图2–15）：

图2–15　冰面画线机

（1）允许工作人员在冰上绘制的过程中站立。

（2）设备可绘制5~10厘米宽度不等的线条。

（3）5厘米的画线机还可以用于绘制大于9米的争球圈。

（十三）画半径用的钢丝绳索

建议使用以下精确长度的钢丝绳索并且两端要带有环（图2–16）：

（1）球门区半径为1.8米；

（2）记录席中的裁判区为3米；

（3）5个争球圈为4.5米。

图2–16　钢丝绳索

（十四）毛线

推荐选用蓝色毛线来绘制蓝色线标，选用红色毛线来绘制红色线标。可以将毛线冷冻在冰面作为画线标的导向，建议使用羊毛线（图2–17）。

图2–17　毛线

（十五）背包式水喷雾器

用于密封所有线标、标识和商标——用漫撒冷水喷洒——也可在绘制线标的时候用于密封毛线（图2–18）。

图2–18　背包式水喷雾器

（十六）测量冰面深度的电子工具

测量冰面深度的电子工具用于快速和准确地测量冰面厚度，行业推荐的冰球冰面厚度是2.5~3.2厘米。

（十七）塑料油漆桶

冰面刷漆需要充足数量的塑料油漆桶；把油漆桶至于纸盒内可以减少油漆滴到冰上（图2-19）。

图2-19　塑料油漆桶

第三节　机械和电气设备

一、制冷设备

制冷设备是冰场的核心设施，可以说造就了整个冰场。几乎冰场所有的能量流动都与不同形式的制冷过程有关。制冷系统的用电量占总用电量的50%以上是很正常的，冰的热损失超过冰场总供暖需求的60%也很正常。在设计阶段选择制冷机组时，必须考虑其经济性、能耗、环境影响、运行、维护和安全问题。

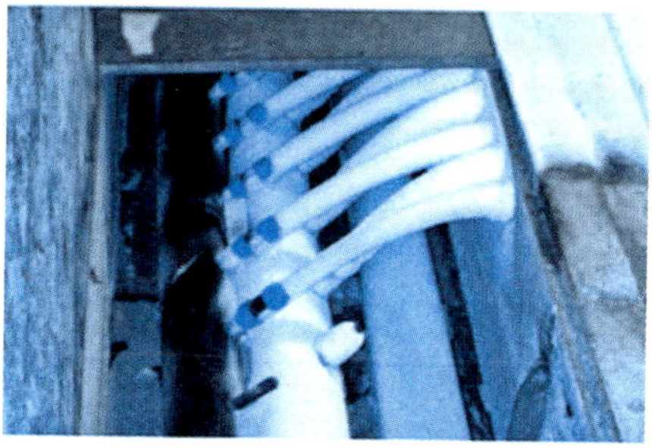

图2-20　制冷管道的保温示意图

如图2-20所示，制冷管道的保温是通过塑料主管道与给回管道系统连接（含保温层）。

冰场的制冷管道铺设方式主要有两种，第一种是沿冰场短边铺设制冷管道；第二种是沿冰场长边铺设制冷管道。一般推荐使用第一种铺设方式，此种方式下如果出现制冷问题，不会影响长边的滑冰方向（图2-21）。

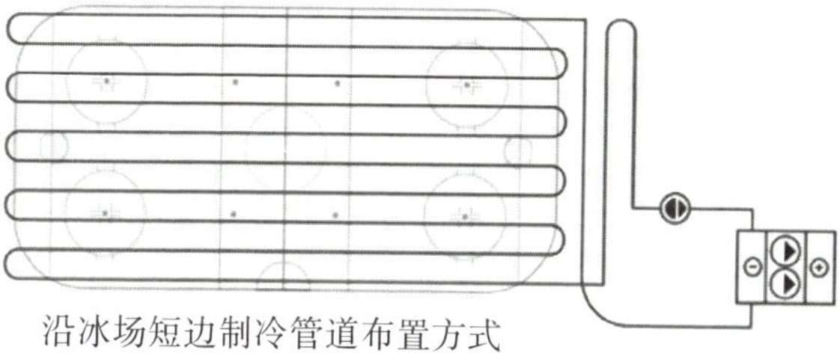

沿冰场短边制冷管道布置方式

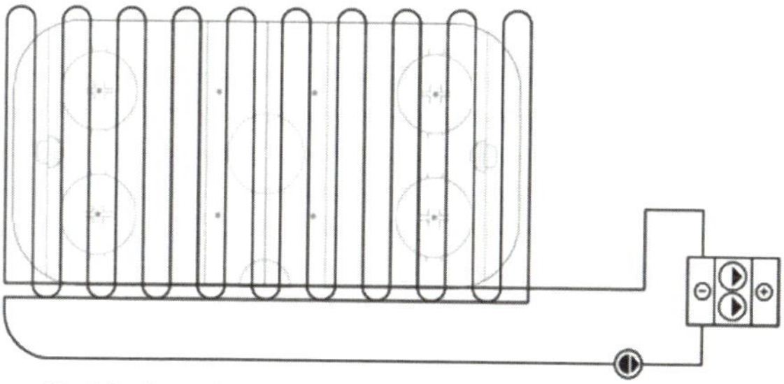

沿冰场长边制冷管道布置方式（不推荐）

图2-21　冰场不同的制冷管道铺设方式

制冷设备可采用直接或间接系统。在直接系统中，冰场管道起蒸发器的作用，而间接系统有单独的蒸发器（热交换器），冰面制冷方式是由制冷剂在热交换器内完成能量交换后在冰场的闭合环路中循环。直接系统的能源效率通常优于间接系统，但直接系统的初期成本高于间接系统。此外，为防制冷剂泄漏对人体健康造成危害，一些国家禁止在间接系统中使用氨等制冷剂。表2–4总结了两种系统的优缺点。

表2–4　直接和间接制冷设备的优缺点

	直接系统	间接系统
优点	（1）能源效率高 （2）简单 （3）可使用任何制冷剂	（1）使用工厂制造的制冷设备 （2）填充的制冷剂数量少（环保）
缺点	（1）与某类制冷剂不兼容（氨） （2）安装成本高 （3）需要专业的设计和安装技能	比直接系统的能效低

在大多数情况下，制冷设备通过封闭的盐水回路将地面冷却形成冰面，而非直接制冰。压缩机回路中使用的制冷剂应符合环保要求，目前，较受欢迎的是氢氟碳化合物类的天然物质。在选择制冷剂时，必须考虑各个国家的具体规定。操作方面，要为压缩机配备相应的自动化系统，从而实现系统的按需运行。另外，机房的设计应考虑安全因素。从能源的角度看，压缩机当然越高效越好，不仅设计上如此，部分负荷运行的情况下也应如此。

在估算系统的能源效率时，应关注整个系统，而非单独组件。制冷设备是冰场的核心部分之一（图2–22、图2–23）。

室内环境

-气温
-顶棚温度和材料
-空气湿度
-冰面温度

冰面结构

-冰的厚度
-板坯厚度和隔热性
-管道材料和尺寸
-冷却液性能
-冰霜隔离
-防霜加热

制冷装置

-蒸发和冷凝温度
-能效
-压缩机类型
-尺寸
-制冷剂

图2-22　制冷装置和相关的能量流动

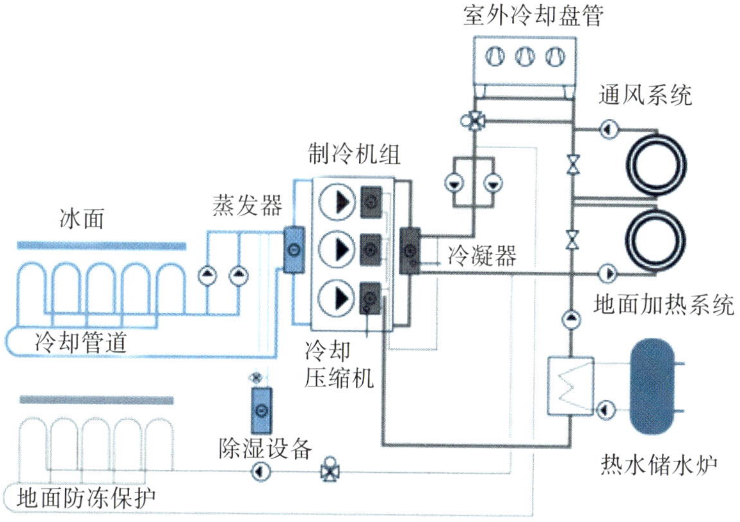

图2-23　带热回收功能的制冷设备：预热热水、地面加热和空气加热

（一）制冷能力

制冷设备是根据制冷量和所需的蒸发和冷凝温度来确定制冷能力的。对于一个标准的冰场来说，需要300 ~ 350kW的制冷能力。

制冷能力通常是根据制冰过程中的热负荷来确定的。确定制冷时的制冷量有以下几步：

（1）在规定的时间内将冰面冷却到所需温度，所需的制冷能力取决于制冷过程开始时冰面的温度和所需的制冷时间（通常为48小时）。

（2）将浇冰用水的温度冷却到冰点（0℃），然后冻水成冰，并将冰的温度降至所需温度。冷却能力取决于水的温度、所需的冰面温度和冷却时间（48小时）。

（3）冰面与周边设施表面之间的辐射传热。冷却能力取决于冷却期间的冰面温度。

（4）冰面和空气之间的对流热负荷。制冷能力取决于气温和冰面温度以及冷却期间冰面四周的气流速度。

（5）冰场空气中冷凝水蒸气的潜热。制冷能力取决于空气湿度（水蒸汽压力）及冷却期间的冰面温度。

（6）冷却期间冰面的辐射传热负荷（灯光等）。

（7）冷却泵的运转。

（二）制冷机组

制冷机组由许多部件组成：压缩机、蒸发器、冷凝器、膨胀阀和控制系统。

压缩机的功能是保持蒸发器中的压力和温度足够低，使液体制冷剂在低于蒸发器周围介质的温度下沸腾，从而吸收热量。在压缩机中，蒸汽被升至高压，蒸汽温度升高超过冷媒的温度，使热量从冷凝器中排出。在冷凝后，液体制冷剂经膨胀阀节流后，送回蒸发器。换句话说，压缩机泵通常由至少两台压缩机组成，以保证机组以灵活经济的方式运行（图2-24）。

图2-24　螺杆压缩机示意图

（三）冰面热阻性

能源链中另一个有意思的现象是冰和盐水之间影响能耗的热阻现象。这一现象与能源的关系是：热阻力越大，盐水和压缩机的蒸发温度越低，以产生与较小阻力相同的冷却效果。蒸发温度越低，压缩机的功率需求越大。

热阻性由5个不同的参数组成：

（1）冰表面电阻是顶棚热传导和对流的综合效果。

（2）冰的热阻性主要取决于冰的厚度。

（3）冰、混凝土板或其他任何铺面材料的热阻性取决于材料的厚度和所用材料的导热性。

（4）管道材料和地板下的管道间距。

（5）管道和液体之间的表面热阻。

（四）二次载冷剂

二次载冷剂的功能是将热量从冰场传递到制冷机组中的蒸发器中。完美的二次载冷剂（冷却液）是环保、无毒、泵送成本低且效率高的，还必须无腐蚀性、便宜和实用。表2-5中总结了一些常用的二次载冷剂。

表2-5　不同二次载冷剂的特征

二次载冷剂	特征
乙二醇 （产品包含20%~50%的钙成分）	泵送成本高、效率低、易于使用
盐 （主要成分为氯化钙（$CaCl_2$））	泵送成本低、效率高、不实用
钾 （主要成分为醋酸钾）	泵送成本低、效率高、有腐蚀性、价格高

在建造冰面时，地面必须铺设防冻材料，某些情况下还需要加装地暖（可以使用废热进行加热）。在霜冻很少出现的温暖环境下，冰场还是会形成霜层。如果地面易受霜冻影响，则可能导致冰面出现不均匀的冻胀，冰面会因此受损，难以打理，在无冰期也无法用于其他运动（网球、篮球）。另外，无防冻层的冰面

会增加制冷的能耗。

二、空调

在冰场设施中需要安装空调，其目的是确保室内空气质量安全健康。空调既可以为冰场和其他场所提供新鲜空气，还可用于提高室内温度，甚至还可用于除湿。冰场内的空气质量主要受到使用者、建筑材料和冰面修整的影响，尤其是使用由内燃机（燃气或汽油供能）驱动的浇冰车时对冰场内的空气质量影响最大。因此，使用空调提供新鲜空气对保持良好的冰场内空气质量很有必要。

冰场场馆主要分为冰场和公共区域两个温度区，最简单、最安全的方法是为冰场配备两套空调系统，一个用于冰场区域，另一个用于公共区域。为了满足节能需要，可以按需控制新鲜空气的进气量，并优化气流速度。

三、除湿

（一）冰场湿度

设施使用者（滑冰者、观众）、室外空气湿度、浇冰时的水分蒸发和使用浇冰车都会影响室内湿度。其中，最大的湿度来源是经空调换气进入冰场的室外空气，以及设备运行期间由于室内外压力差而通过开口（门、窗）、缝隙和结构空隙进来的空气。

空气湿度过高会增加木结构腐烂和金属腐蚀的风险，缩短建筑部件和材料的使用寿命，导致维护成本增加。湿度过高还会在建筑结构表面滋生霉菌和真菌，造成室内空气质量问题。

下列表2-6~表2-8中列出了冰场最高容许的空气湿度，以避免室内空气问题和对建筑物的损坏。

表2-6　防止雾汽产生的温度和湿度

冰场温度（℃）	最大相对湿度（%）
5	90
10	80
15	70
20	60

表2-7　导致木结构腐朽和霉菌的温度和湿度

	温度（℃）	相对湿度（%）
腐朽	5~50	>90~95
霉菌	0~55	>75~95

表2-8　导致金属腐蚀的温度和湿度

温度（℃）	相对湿度（%）
>0	>80

（二）冰场除湿方法

为了将冰场湿度控制在合理范围，有两种常用方法可以去除冰场空气中的湿气。第一种是将空气冷却到零点以下将水蒸气冷凝（冷凝除湿），第二种是用吸收水分的材料过滤空气（化学除湿）。

将空气冷却到零点以下通常采用机械制冷的方式。空气通过冷凝盘管，使空气中的部分水分凝结在盘管表面并从气流中排出（图2–25）。冷凝盘管也可以安装在通风机组和制冷回路中。

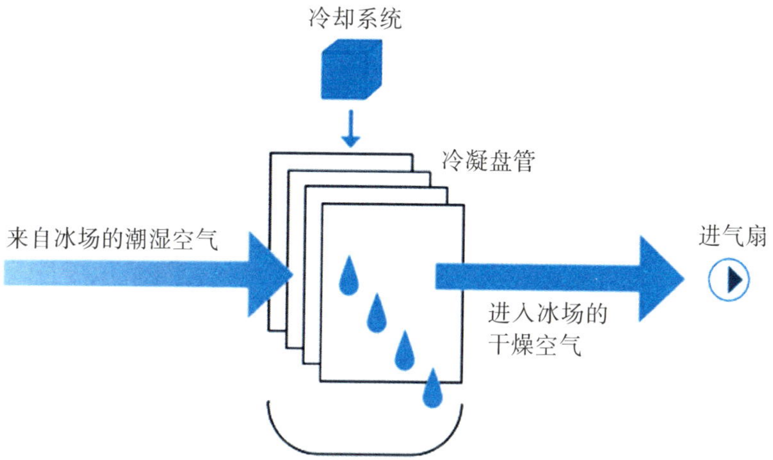

图2–25　冷凝除湿过程

用吸收水分的材料过滤空气通常采用化学除湿的方式，即通过使用固体或液体吸收材料（干燥剂），从空气中吸收并存留水分（图2–26）。需要一个涂有或填充了干燥剂（通常为硅胶）的缓慢旋转的圆盘、鼓轮或转轮。潮湿的空气被吸入设备后，干燥剂会吸收空气中的水分。当转轮缓慢旋转时，空气会经过第二道热气流，使被干燥剂吸收的水分被释放到热气中，从而重新激活干燥剂。温暖潮湿的空气随后被排出到室外。

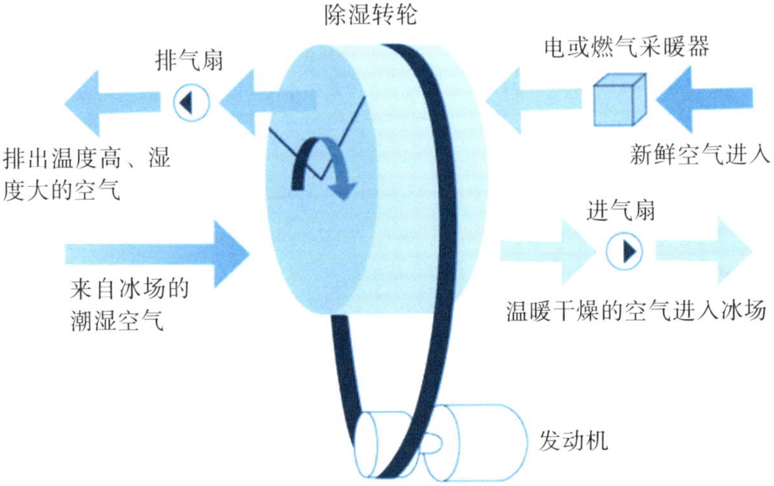

图2-26　化学除湿过程

四、采暖

冰场需安装合适的采暖系统为运动员和观众提供舒适温暖的环境。采暖对控制冰场的湿度也很重要，可避免出现水雾和顶棚滴水的问题。此外，制造热水（用于冰面修整和淋浴）也需要热力系统，并且在某些情况下需要将修整过程中的废冰融化。

在大多数情况下，从压缩机回收的余热几乎可以满足冰场的所有热力需求。在设计热回收系统时，应考虑冰场较低的温度环境。废热的温度通常在 30~35℃，并且小部分余热，即所谓的超热，可以在较高的温度水平下利用。余热可以用于加热冰场、新鲜空气和冰面修整用水，预热自来水，以及在冰面修整时用于融化雪和冰屑。

五、电力系统

如有必要，电力系统需安装配电和变压器中心。断电时必须有应急照明和指示灯，应急电源可以由柴油发电机或备用电池系统供电。在大多数情况下，可通过电容补偿避免无效功率。冰场内不同区域的照明度参见表2–9。

表2–9　冰场内不同区域的照明度

区域	照明度（Lx）
休闲冰球	500
休闲滑冰	300
更衣室	300
公共区域	300

关于照明灯种类的选择，LED照明灯是最优选择，可降低70%~80%的能源成本，无须维护费用，提高了照明质量，还可根据不同情境使用不同的颜色。冰场的照明分布应根据使用的灯具型号和冰场顶棚的高度来决定。

六、给水和排水系统

冰场内的淋浴间、厕所、咖啡厅，以及清洁、浇冰和冰面修整等都需要用水。温水系统必须配备再循环装置以缩短加热时间，防止细菌滋生。为避免产生军团病菌的风险，热水必须至少加热到55℃。制冷设备的余热可用于冰面修整和预热自来水。

冰场需要为冰场融化的废水和废冰建造单独的排水系统。在冰场的外面和四周需要铺设地面排水道，以收集除霜过程中融化的水。

第四节　能源消耗研究

不同冰场之间的能耗差别很大。制冷机组的能耗取决于冰场热负荷。顶棚的辐射传热通常是热负荷的最大来源，其他产生热负荷的因素包括冰场室内温度的对流热负荷、照明、冰面维护、地热、凝结到冰上的湿气以及冷却管网的泵送作业。热辐射传导到冰上的热量由顶棚和冰面的温度以及热传导系数决定。完全导热材质的热传导系数为 1，而完全不导热材料的热传导系数为 0。大多数建筑材料的热传导系数接近 0.9。在新设施顶棚表面使用低导热材料可以减少顶棚传热。冰场使用的最常见的低导热材料是铝箔。铝箔面向冰的一面热传导率低（低至 0.05），使得该材料的隔热作用十分有效。并且，热传导率低的材质可降低供暖需求并改善冰场的照明条件。

根据国内不同地方的建筑节能标准，冰场应按照甲类建筑标准来判定，进行节能计算并综合权衡建筑外墙面与屋顶的传热系数。根据建筑体系系数的不同，建筑需符合节能标准里要求的屋面和墙面传热系数规定，例如北京市地方标准《公共建筑节能设计标准》（DB11/687—2015）中的规定如表2-10所示：

表2-10　甲类建筑围护结构非透光部位传热系数限值

围护结构部位	传热系数K［瓦/（平方米·度）］							
	体形系数≤0.3				0.3<体形系数≤0.4			
	平均	主断面			平均	主断面		
屋面	0.45	一般屋面	有天窗或轻质屋面		0.40	一般屋面	有天窗或轻质屋面	
		0.41	0.38			0.36	0.33	
外墙（包括非透光玻璃幕墙）	0.50	构造1	构造2	构造3	0.45	构造1	构造2	构造3
		0.45	0.42	0.38		0.41	0.38	0.35
底面接触室外空气的架空或外挑楼板	0.50				0.45			
与供暖层相邻的非供暖地下室车库顶板	0.50				0.50			
供暖房间与有外围护结构非供暖房间或空间之间的隔墙	1.50				1.50			
变形缝（内保温）	0.60				0.60			
非透光外门	3.00				3.00			

在采用建筑导热系数标准的时候，应根据建筑物所在的不同地区，参照当地的节能规范进行计算并判定，施工过程严格按照设计图纸要求和节能计算书的内容执行。

冰场的气温变化对制冷机组的电力消耗和供暖的能源需求均

有显著影响。室内气温越高，顶棚越热，越会加剧顶棚的热传导及保持冰面的用电负荷。对流热负荷与空气和冰面的温差以及冰上的气流速度有关。减少空气对流热损耗的方法是保持冰面的温度为设计温度的高限，同时尽可能地保持场馆温度为设计温度的低限。

除了冰场的室内温度以外，其他影响压缩机用电量和供暖能耗的因素是冰面的温度和厚度。冰面温度每上升1度，全年可节省40~60兆瓦时的电力，及70~90兆瓦时的供暖能耗。随着时间的推移，冰的厚度增加，越来越厚的冰层会增加制冷设备的电力消耗和冰面维护的难度，冰的厚度宜保持在2.5~3.0厘米。冰场必须每周检测冰层的厚度和均匀程度，以保持最佳状态。

除了屋顶和空气对流的热传导造成的能耗，浇冰也是造成热传导并增加能耗的主要因素之一，这是由冰面修整时的浇冰工序产生的，每次浇冰用水的温度为30~60度，用水量为0.4~0.8立方米，可占总制冰要求的15%。应尽可能缩减浇水时水的用量和温度以降低制冷和水的成本。

冰场空气中的水分大多在冰面上凝结。这种现象主要取决于室外空气条件，可以通过对冰场空气除湿来解决。湿度问题可能由顶棚滴水或冰上的雾气引起。冰场内湿度控制不好可能会破坏建筑结构，因此必须认真对待。

照明在冰上形成放射性热负荷，与灯的照明功率有关。

地板下的温暖土壤在制冷过程中会产生轻微的热负荷，可以通过在土壤和冷却管之间放置足够厚的保温层来解决。

由于冷却管和蒸发器中存在摩擦，系统的泵送作业对制冷系统产生热损耗。泵送作业受冷却液（有多种选择）、管道材料、管网和蒸发器液压大小影响。

第五节　环境影响

冰场使用周期中的大部分环境负荷和影响均是由往返冰场、能源（电力及热能）及水消耗导致的。由于每个冰场的能耗情况各不相同，所以要想得到确切的负荷量是不可能的。下面提供的是芬兰冰场环境负荷的部分计算结果。

在所分析的案例中，91% 的温室气体排放量以及74%的酸排放量均是由冰场使用周期（50年）中的能源消耗引起的。表2-11给出了芬兰某冰场的环境负荷，其值的依据是该冰场（50年）的使用周期分析（排除交通因素）。

表2-11　芬兰某冰场的环境负荷

温室气体排放量（克/平方米，二氧化碳当量）	酸排放量（克 / 平方米，二氧化碳当量）
3000000	7500

此外，在依据MIPS计算得出的芬兰某青少年冰球队的自然资源使用情况中，汽车通勤占65%，能源和水占30%，建筑资源占4%，球员装备占1%（图2-27）。（注：MIPS 是指每小时冰上活跃时间内每项对应物质的投入情况，单位：kg/h）

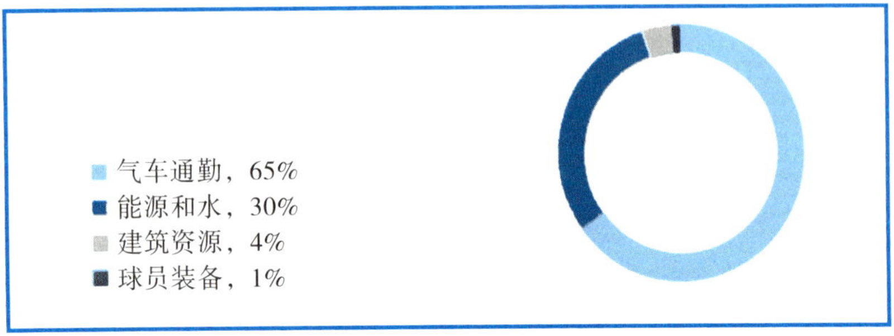

图2-27　依据MIPS计算得出的芬兰某青少年冰球队的自然资源使用情况

因此，考虑到冰场的环境影响，可通过下列方式进行改善：

（1）在建筑方面使用可重复利用和可再生的材料和组件。

（2）将能源的使用量降到最低（通过热回收、高效能电器及利用可再生能源）。

（3）将冰场与使用者之间的距离降到最短（城镇规划）。

（4）鼓励搭乘公共交通（冰场设冰具储物室）。

复习思考题

（1）建设一个完整的滑冰场馆需要注意哪些方面的问题？

（2）在制冰环节中一般需要多少人进行制冰工作？

（3）制冰过程中需要哪些制冷设备和工具？

（4）根据自己的认识，谈谈冰场建设为何要考虑环境影响及如何改善冰场的环境影响。

第三章　浇冰车介绍

本章导读

在日常的训练、比赛、娱乐过程中，冰刀要与冰面亲密接触，加之急转、急停不断，相对脆弱的冰面会被切割得支离破碎，碎冰屑乱飞。因此，快速、高质量修复冰面对于冰场的正常运营十分重要，浇冰车的出现是完成这项工作的重要神器。本章主要以美国ZAMBONI（赞博尼）公司生产的Model650型号浇冰车为例，对浇冰车的规格、组成部件、驾驶台、基本安全要求等内容进行介绍。

第一节　浇冰车规格

一、浇冰车尺寸

浇冰车的长度、高度、宽度、轴距、轮距、转弯半径等参数见表3-1。

表3-1　浇冰车尺寸参数表

	雪箱升起	雪箱降低
长度	5.03米（198英寸）	4.04米（159英寸）
高度	3.71米（146英寸）	2.21米（87英寸）

（续表）

	雪箱升起	雪箱降低
宽度	2.13米（84英寸）	
轴距	1.95米（77英寸）	
轮距	1.37米（54英寸）	
转弯半径	4.86米（191英寸）	

二、浇冰车雪箱容量

浇冰车雪箱体积及容量参数见表3–2。

表3–2 浇冰车雪箱体积及容量参数表

雪箱体积	实际2.83米^3（100英尺^3），压实3.54米^3（125英尺^3）		
冰制水容量	727升	192美国加仑	160英国加仑
洗冰水容量	273升	72美国加仑	60英国加仑
估计	1000升	264美国加仑	220英国加仑

三、浇冰车油箱容量

浇冰车油箱容量参数见表3–3。

表3–3 浇冰车油箱容量参数表

液压油容量	95升	25美国加仑	21英国加仑
汽油容量	41.6升	11美国加仑	9.2英国加仑
天然气（CNG）	120升	32美国加仑	26英国加仑
液化气（LPG）	建议30磅		

四、浇冰车其他参数

浇冰车重量、引擎、液压传动、底盘、轮胎、液压系统、电气系统、仪器、修冰刀、洗冰水泵、传送系统参数见表3–4。

表3–4 浇冰车其他参数表

重量	空车：3143公斤（6929磅） 满水：4240公斤（9348磅）
引擎	三菱2.4L SOHCL4 燃料种类：汽油、丙烷、天然气。可使用双燃料（汽油/丙烷，天然气/丙烷）或专用燃料 负载传感电子调速器使真正的司机“免手动”操作
液压传动	可变排量组合泵和固定排量电机创建一个全时4WD静压系统
底盘	管状钢架，德纳轴带后钢板弹簧悬挂
轮胎	钢带径向LT215/85R16负载范围E级钨头螺柱
液压系统	全比例控制，优先于动力转向
电气系统	12VDC系统，70安培交流发电机
仪器	可驱动3合一转速表、油压和冷却剂温度。多功能单元，能够显示多个发动机信号以及服务间隔。过热、交流发电机、油压警示灯及可听报警器。水泵开关，点火开关，喇叭按钮，熔断器，汽油燃油表
修冰刀	司机可调，195.6×12.7×1.27厘米
洗冰水泵	12VDC与整体电磁离合器
传送系统	两个直径25.4厘米（10英寸）的双绞垄（水平/垂直）

第二节 浇冰车组成部件

一、侧视图

浇冰车侧视图主要部件包括驾驶座椅、雪箱支撑液压缸、雪箱、雪箱盖、绞犁和横绞垄（图3-1）。

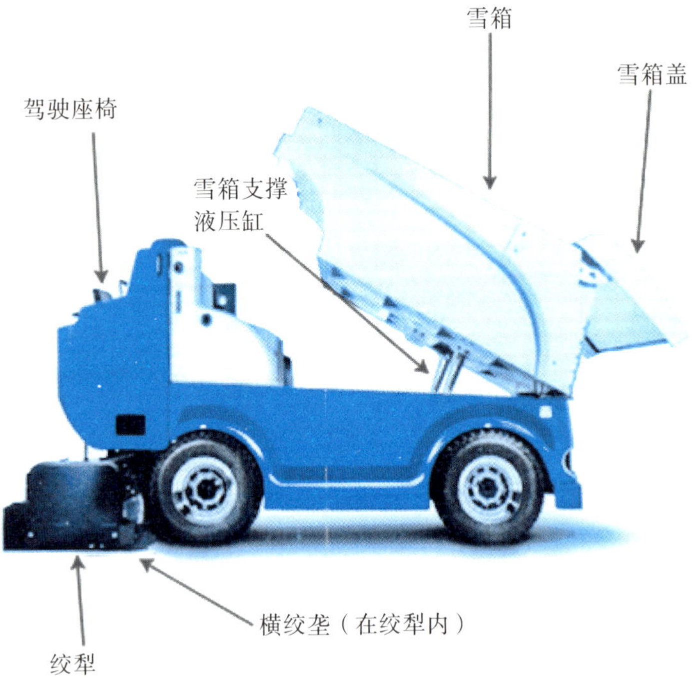

图3-1 浇冰车主要部件（侧视图）

二、左后侧视图

浇冰车左后侧视图主要部件包括仪表盘、雪箱窗、横绞垄驱动马达、刷边器、绞犁、橡胶刮刀、拖布和浇冰水分配管（图3-2）。

图3-2　浇冰车主要部件（左后侧视图）

三、右后侧视图

浇冰车右后侧视图主要部件包括竖绞垄、洗冰水添加口、浇冰水添加口、液压油添加口、液压油位观测口、后门、绞犁驱动链和导轮（图3–3）。

图3–3　浇冰车主要部件（右后侧视图）

第三节　浇冰车驾驶台介绍

一、驾驶台主要部件

浇冰车驾驶台主要部件包括喇叭开关、车灯开关、刷边器开关、洗冰水泵开关、启动开关、方向盘、破冰器、洗冰水控制阀、制冰水控制阀、刮刀调整轮、雪箱控制阀、竖绞垄控制阀、绞犁控制阀、横绞垄控制阀（图3-4a、图3-4b）。

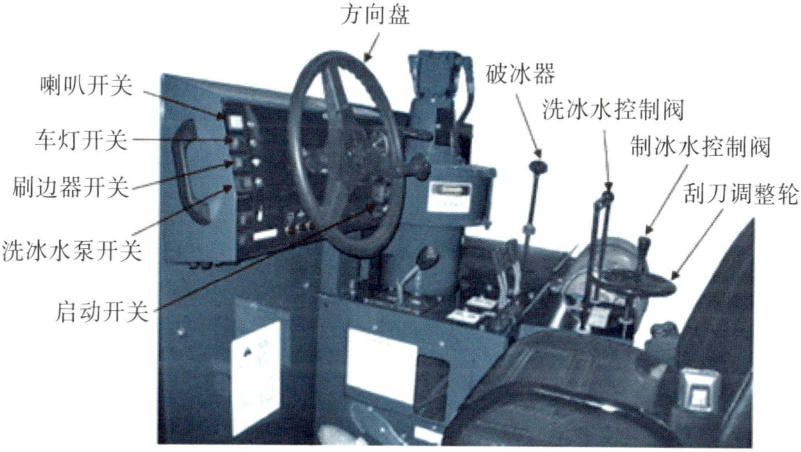

a

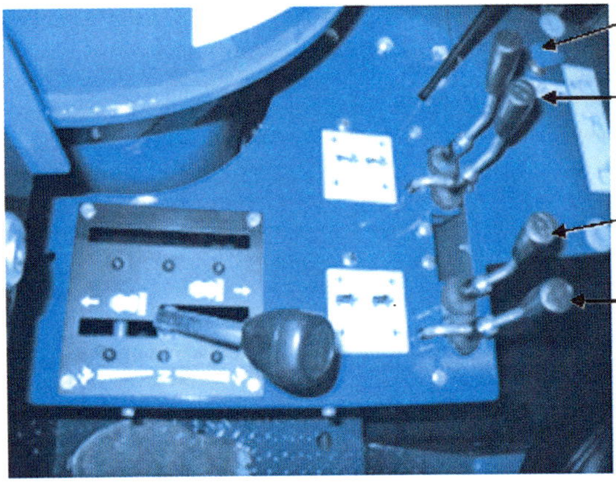

b

图3-4　浇冰车驾驶台主要部件

注意事项：

（1）车灯开关。该开关激活浇冰车照明系统。指示灯亮起时，开关打开。

（2）喇叭开关。该开关激活浇冰车的喇叭。

（3）洗冰水泵开关。在启动这个开关之前，需打开洗冰水控制阀10秒钟。启动之后此开关亮起。

（4）启动开关。这个是浇冰车的启动开关，驾驶员第一次启动时，会听到液压泵发动的声音。当未经授权的人接触浇冰车时要取下钥匙。

二、驾驶台仪表盘

驾驶台仪表盘主要包括电池放电指示、状态编码（诊断信息）、车辆启动时间、时间记录4个部分（图3-5）。

图3-5　浇冰车驾驶台仪表盘

1. 电池放电指示

（1）电池容量的状态在屏幕上以10节电池的方式显示。

（2）当电池充满电的时候，10节电池都显示在屏幕上。

（3）当电池完全放电后，10节电池都不显示。

（4）每当电池容量的10%消耗完时，屏幕上就少一节电池。在完全没有电时，显示屏会闪烁。

（5）在机车启动的时候，显示屏上所显示的是1秒前的状态，然后按照上述规律显示。

（6）如果电池在充电的话，显示屏将会显示充满的状态。

2. 状态编码（诊断信息）

显示机器的诊断和状态信息，有关每种故障情况所对应的状态代码（诊断消息）请参见用户指导手册。

3. 车辆启动时间

（1）仪表盘上有一个6位的时间计数器来计量牵引器、压缩器和钥匙开关的时间。

（2）在浇冰车启动以后，原始状态下时间计数器显示牵引发动机的时间3秒钟，然后显示压缩发动机的时间3秒钟，然后一直显示钥匙开关的时间。

4. 时间记录

记录机器的使用时间。

第四节　浇冰车基本安全要求

一、安全标志和标签

安全标志和标签标明了基本的安全预防措施。在操作或进行润滑和维护之前，需要阅读和理解所有安全预防措施和警告。图3-6列举的安全标志和标签表示您的安全和其他人的安全可能处于危险之中。

DANGER!

危险！  此标志警告可能造成人身伤害或死亡。

WARNING!

警告！  此标志警告可能会造成人身伤害。

Equipment Damage

CAUTION!

设备损坏
小心！  此标志警告机器可能发生损坏。

图3-6　警告标志和标签

注意事项：

（1）管理者有责任对浇冰车运行环境中的所有危险进行工作安全分析，并每年对所有人员进行培训。

（2）赞博尼无法预见可能涉及潜在危险的所有可能情况。如果使用赞博尼不特别推荐的程序、工具或工作方法，必须咨询有资质的人，以确保自己和他人的安全，并且机器不会因您选择的程序而损坏或变得不安全。

（3）浇冰车上的特定安全标志必须完整、清洁。如不能被识别，须及时清洗或替换。清洁标签时使用布、水和肥皂，不得使用溶剂、汽油等。

（4）如果标签在被替换的部件上，要确保在被替换的部件上安装了新的标签。

二、安全警告

只有经过培训和授权的人员才能操作浇冰车。为了安全操作，请阅读并遵循赞博尼公司提供的使用手册，并遵守以下安全警告：

（1）保持所保护装置到位。如果任何护罩损坏或丢失，请不要操作浇冰车。

（2）检查所有控制和警告装置是否正确操作。

（3）在打开“开关”之前，确保方向控制是中立的。

（4）启动、转动、制动平稳。转弯时减速，在转弯或倾斜时要非常小心。

（5）注意行人和障碍物，检查头顶净空。倒车时要小心。

（6）不允许生手在任何时候上浇冰车。

（7）当机器在冰上运行时，场地上不允许有滑冰者或其他无关人员。

（8）不要让任何人站在或通过任何机器的高架部分。

（9）确保操作表面能安全地支撑机器。

（10）在发动机动力机上处理燃料时，以及在为电机更换或充电电池时，遵守安全规则。

（11）切勿遮盖、隐藏或移除任何安全标签。

（12）切勿站在制冰水箱上。可能发生罐体损坏和人身伤害。

三、撞伤、割伤预防

为了预防发生人员撞伤或割伤的情况，相关操作人员必须遵守以下要求：

（1）当在配套设备和附属装置下面工作时，不可仅靠液压缸来支撑。如果操作装置被移动或液压管路断裂都会造成巨大危险。

（2）除非另有规定，在浇冰车移动或运行时，不要尝试调整。

（3）远离所有旋转和移动部件。

（4）保持物体远离旋转的绞垄。

（5）当敲击安装固定销栓时，确保安全范围区域没有人。

（6）在敲击安装固定销栓时，戴上防护眼镜，以免伤害你的眼睛。

（7）在撞击任何物体之前，确保没有人会被飞散的碎片所伤害。

（8）保证所有保护装置安装到位并已修好。

四、火灾、爆炸预防

1. 油气类

汽油、液化石油气、天然气、液压油及其他的蒸气极易燃。液化石油气和压缩的天然气会减少可供呼吸的氧气，并可能导致窒息。汽油气体极易燃，会引起爆炸。为了预防发生火灾或爆炸，相关操作人员必须遵守以下要求：

（1）所有油气容器应在充电前定期检查，并在重复使用前再次检查，以排除容器缺陷或损坏。不使用时保持容器阀关闭和堵塞。

（2）切勿使用火柴或明火检查泄漏，可使用肥皂溶液。

（3）当浇冰车停放在夜间或任何延长停放时间时，须始终关闭液化气罐阀，拆下气罐并将其存放在外部或带锁的设备中。

（4）在灌装、安装或更换机器上的气罐时，不要吸烟。

（5）检查填充或维修连接中柔性密封件是否变质、损坏或丢失。

（6）不要过度填充液化石油气罐。

（7）保持所有明火、火花或其他点火来源，如炉子、熔炉、热水器或任何使用的煤油灯器具远离燃料储存、燃料使用和加油区域。

（8）在通风良好的条件下工作，建议与所有点火源的最小距离为6米。

（9）如果有汽油或液化石油气或天然气的气味，或存在其他爆炸条件，请不要操作浇冰车。

（10）在室外或通风良好的区域加油。发动机运转或发热时不要加油。要将发动机、发动机排气系统和催化转换器在加油前冷却至少5分钟。

（11）不要把油箱装满，为汽油的膨胀和移动提供一定空间，并将尽量减少晃动和潜在的溢出汽油时移动浇冰车。如果汽油溢出，应避免产生任何点火源，直到汽油完全被移除。

（12）液化石油气较重，空气传播较快。迅速停止所有泄漏。关闭气源。

（13）如果发生火灾，疏散区域人员并通知消防部门。

（14）热油和部件会造成人身伤害。不允许热油或部件接触皮肤。

（15）只有在浇冰车停止后才能拆卸液压油箱填料帽，填料帽足够冷却后，可以徒手拆卸。缓慢拆卸液压罐填料帽以缓解压力。

2. 电池

电池烟雾可能引起火灾或爆炸，电池的酸溶液会引起灼伤。为了预防发生火灾或爆炸，相关操作人员必须遵守以下要求：

（1）只有经过培训和指定的人员才能充电或更换电池。

（2）只在提供适当安全和通风设施的授权区域进行维修、更换和处理电池。

（3）检查、充电或维修电池时，不要吸烟或将电池暴露在火花或火焰中。保持链条和金属工具远离电池顶部。

（4）电池在充电期结束时，如有高度爆炸性气体存在特别危险，因为电池接近完全充电状态。

（5）在将电池从机器上取出之前，用胶合板或其他绝缘材料覆盖电池顶部。

（6）不要在“湿”电池中添加酸，只添加蒸馏水。

（7）当准备检修充电电池时，请按照电池制造商的指示操作。

（8）不要在电池充电或储存易燃材料的地方吸烟。

3. 润滑剂

大多数润滑剂是易燃的。为了预防发生火灾或爆炸，相关操作人员必须遵守以下要求：

（1）将所有润滑剂存放在适当标记的容器中，远离未经授权的人。

（2）将所有油性抹布或其他易燃材料存放在批准的容器中，放在安全的地方。

（3）不要在含有易燃液体的管道上焊接或火焰切割。在焊接或火焰切割之前，用不易燃的溶剂彻底清洗它们。

（4）清除所有易燃材料，如油和其他废弃物，不要堆积在浇冰车上。

（5）准备可用的灭火器，并知道如何使用。按照其说明书上的建议进行维修。

4. 线路、管道和软管

浇冰车上的线路、管道和软管也有引起爆炸的可能。为了预防发生火灾或爆炸，相关操作人员必须遵守以下要求：

（1）不要弯曲或敲击高压线路。不要安装弯曲或损坏的线路、管子或软管。

（2）要及时修理任何松动或损坏的线路、管道和软管否则泄漏会引起火灾。必要时联系浇冰车公司或浇冰车经销商进行修理或更换。

（3）仔细检查线路、管道和软管。注意不要徒手检查是否有泄漏，可以用木板或纸板检查是否有泄漏。按照推荐的扭矩拧紧所有连接。

如果发现下列任何一种情况，要及时更换：①末端配件损坏或漏水；②外层有磨损或裂痕，电线明显外露；③外层存在局部膨胀；④软管柔性部分扭结或压碎。

（4）确保所有卡箍、护罩和隔热安装正确，防止振动、摩擦其他部件和操作过程中过热。

（5）清洁并拧紧所有电线连接。每天检查电线是否松动或磨损。在操作浇冰车之前，务必将所有松动或磨损的电线拧紧、修理或更换。

五、安全操作

1. 安装与拆卸

（1）只有在提供台阶和/或手柄的情况下，才能安装和拆卸浇冰车。

（2）安装和拆卸时，请使用双手并面对浇冰车。在潮湿或者湿滑的情况下，要注意使用一些必要的辅助工具。

（3）务必注意不要在浇冰车移动时上或下浇冰车，不要从浇冰车上跳下来。

（4）携带工具或用品时，不要试图爬上或离开浇冰车。

2. 使用浇冰车之前

（1）只从驾驶座位上操作浇冰车。

（2）调整座椅，使驾驶员的脚与踏板处于合适位置。

（3）浇冰车配有照明系统，确保所有灯都正常工作。

（4）在打开钥匙或开始驾驶浇冰车之前，确保没有人在工作、在下面或靠近浇冰车。

（5）如果启动开关或控件上有“请勿操作”或类似的警告

标签，请不要移动浇冰车或移动任何控件。

（6）将浇冰车和区域所有人员转移到安全地带。

（7）清除浇冰车路线上的所有的障碍，如限制块、垫块、电线、金属罐等。

（8）确保喇叭和所有其他警告装置正常工作。

（9）检查所有控制装置正确的操作。

3. 驾驶浇冰车

（1）遵守一切交通规则和警示标志。

（2）始终遵守地板荷载限制和头顶上方的距离。

（3）浇冰车转弯时，减速至安全速度。

4. 停放浇冰车

（1）只能将浇冰车停放在授权区域。

（2）将浇冰车放置在中间。

（3）把调整器放在垫块上。

（4）关闭启动开关并拆下钥匙。

（5）应把浇冰车停在平整的地面上。如果浇冰车停在任何类型的坡道上，车轮必须用轮片堵塞，以防止浇冰车在停放后移动。

（6）如果浇冰车配备了停车制动装置，则应用停车制动装置。

（7）储存于通风良好的区域。

六、维修与保养

为了维护驾驶员的安全和浇冰车最大的使用寿命，相关人员应定期对浇冰车进行维修与保养。以下是相关人员维修与保养时应始终遵守的基本安全措施：

（1）在操作、润滑或修理本产品之前，阅读和理解机器上的所有安全标志和标签。

（2）在绞垄开关关闭后，横、竖绞垄将继续旋转一小段时间。在所有绞垄旋转停止之前，不要在绞垄附近或绞垄上工作。

（3）在浇冰车周围工作时，一定要戴防护眼镜和防护鞋。特别是用锤子或大锤的任何部分或其附件时，要戴防护眼镜。使用与正在进行的焊接工作相适应的焊工手套、护帽/护目镜、围裙和其他防护服。

（4）不要穿宽松、有配饰或撕裂的衣服。在机器上工作时，从手指上摘下所有的戒指。

（5）不要在任何只有千斤顶或升降机支撑的浇冰车上工作。在执行任何拆卸之前，始终使用质地坚硬的东西或千斤顶支撑浇冰车。

（6）在浇冰车上进行任何工作之前，将绞犁或其他工具降低到地面。

（7）安装或拆卸浇冰车时，使用台阶和抓取手柄（如果适用）。使用前应清理台阶、走道或工作平台上的任何泥浆或杂物。在使用台阶、梯子和人行道时，总是面对浇冰车。当不能使用指定的接入系统时，应提供梯子、脚手架或工作平台进行安全检修作业。

（8）拆卸部件时使用适当的起重程序。为了避免背部受伤，在起重重量为50磅（23公斤）的部件时使用提升机。确保所有链条、吊钩、吊索等状况良好，容量正确。确保钩子定位正确。起重作业时，吊眼不得侧装。

（9）为了避免烧伤，要警惕刚刚停止的浇冰车上的热部件和管路、管子和隔间中的热流。

（10）拆卸盖板时要小心。在完全拆卸最后两个螺栓或螺母之前，逐渐将位于盖子或装置两端的最后两个螺栓或螺母收回，并将撬盖松动，以缓解任何弹簧或其他压力。

（11）拆卸浇冰车上的填料盖、排气孔和插头时要小心。在盖子或塞子上拿一块抹布，以防止在压力下被液体喷洒或溅出。如果机器刚刚停止，液体可能是热的，危险较大。

（12）始终使用状况良好的工具，并确保在执行任何服务工作之前理解如何使用它们。

（13）重新安装所有相同零件编号的紧固件。如果需要更换，不要使用质量较低的紧固件。不要将英制紧固件与标准螺母和螺栓混合。

（14）如果可能的话，把浇冰车停在一个水平的、坚硬的表面上进行所有的修理。待浇冰车不移动时再工作或者在机器下工作。

（15）需要焊接的修理只应利用适当的信息，并由经过充分培训和熟悉焊接程序的人员进行。确定被焊接金属的类型，并选择正确的焊接程序和电极、棒或线，以提供至少相当于母金属的焊缝金属强度。

（16）拆除作业时不得损坏接线。不要将线路连接到含有流体的线路上。

（17）在开始修理之前，确保所有的保护装置，包括护罩和防护罩都正确安装和正常工作。如果必须拆下护罩或防护罩来进行修理工作，请格外小心。

（18）松动或损坏的燃料、润滑剂和液压管路、管子和软管会引起火灾。不要弯曲或敲击高压线路或安装已弯曲或损坏的线路。仔细检查管路、管子和软管。不要用手检查是否有泄漏。针孔大小的洞会导致油的泄露，这种油能穿透皮肤，造成人身伤害。使用纸板或纸张定位泄漏油的位置。

（19）确保所有的热屏蔽、卡箍和护罩安装正确，以避免在操作过程中过热、振动或摩擦其他部件。在任何线路、配件或相关项目断开或拆卸之前，缓解空气、油或水系统中的所有压力。始终确保所有凸起的部件都被正确地阻塞，并在断开任何设备与利用压力的系统的连接时警惕可能的压力。

（20）如果任何旋转部件在操作过程中损坏或接触任何其他部件，请不要操作浇冰车。任何高速旋转部件已损坏或改变，应检查平衡，然后再使用。

（21）应注意避免在处理含有石棉纤维的部件时可能产生的呼吸灰尘。吸入这些灰尘可能会对人体的健康有害。在赞博尼浇冰车产品中可能含有石棉纤维的部件是刹车片、刹车带和衬里组件以及一些垫圈，这些部件中使用的石棉通常用树脂结合或以某种方式密封。只要空气中没有含石棉的粉尘，正常处理不会有危险，如果存在可能含有石棉的粉尘，则应遵循以下几项常识准则：

①切勿使用压缩空气进行清洁；

②避免涂刷或打磨含石棉材料；

③为了清理，使用湿润的方法或配备高效微粒空气过滤；

④在永久加工作业的车间使用排气通风；

⑤如果没有其他方法控制灰尘，请佩戴经批准的呼吸器；

⑥遵守工作场所适用的规则和条例；

⑦遵守处置石棉的环境规章制度；

⑧避免石棉颗粒可能在空气中的区域。

七、电池操作与维护

电池的最大寿命和性能取决于操作人员、电池充电、维护和服务。因此，在电池操作与维护时要遵守以下要求：

（1）当电池板接近完全充电状态时，氢气和氧气就会释放出来，这些气体具有高度爆炸性，必须小心，以确保没有火花或没有火焰接触产生的气体。爆炸的可能性总是存在于电池暴露于火花或火焰中时，在充电期结束时尤其危险。

（2）当使用气压进行清洁时，应穿戴防护面罩和防护服。最大气压必须低于207帕。不要在储存的电池附近或检查电解质水平时吸烟。

（3）电解质为酸性溶液，可造成人身伤害。避免接触皮肤和眼睛。

（4）电池上的大部分污垢和灰尘通常可以用低压压缩空气吹掉。

（5）电池充满过量，电解质集聚在盖子上，电池的顶部将会保持潮湿。必要时，用小苏打和热水的混合溶液清洁电池顶部。在1加仑（4升）的水中加入1磅（0.5公斤）的小苏打制成溶液。使用具有柔性刚毛的刷子，将小苏打溶液涂在电池顶部。清洗工作停止后，用水彻底冲洗电池。用气压干燥电池。

八、低温库房的使用

当浇冰车在非常冷的环境中（温度低到华氏－4°，即－20℃）运行时，电池容量下降。在寒冷的温度下操作也会由于冰晶的形成而导致机械故障、短路和过多的磨损。在非常冷的环境中运行时，电池容量减少。因此，需要做到：

（1）确保电池在每个工作周期开始时完全充电。

（2）如果可能的话，当浇冰车不使用时，将其保存在温暖的存储区域。

复习思考题

（1）浇冰车每次清冰之后是否需要保养？

（2）如果浇冰车发生火灾将如何处理？

（3）根据你的理解，谈谈对浇冰车基本安全要求的认识。

第四章　操作浇冰车

本章导读

制冰师熟练而正确地操作浇冰车是完成高质量制冰任务的重要前提。本章主要介绍了浇冰车的基本操作、水系统、刀片维护、紧急情况操作及电池充电与保养等方面的内容，使学员能够掌握浇冰车的操作步骤并延长浇冰车的使用寿命。

第一节　基本操作

一、启动浇冰车

在启动浇冰车之前，应在浇冰车的周围走一圈并检查防护装置和安全标签是否在正确的位置上。

在启动浇冰车时要遵循以下步骤：

（1）要将座椅调整到适合的位置，以便于操作脚踏板。

（2）将钥匙开关调整到开的位置。

（3）释放刹车装置。

（4）在方向控制杆上选择一个方向（前进或是后退）。

（5）确保倾卸箱完全放下，绞犁完全抬起。

（6）启动加速踏板。

此外，在驾驶浇冰车时要注意以下事项：

（1）在驾驶浇冰车过程中始终以坐姿驾驶，不能站起来驾驶。

（2）浇冰车不允许载人。

（3）在离开冰场时，驾驶速度不能太快，否则可能会导致驾驶失控。

（4）初次在冰面上驾驶浇冰车时，要远离界墙和挡板。在熟练掌握浇冰车控制装置后，再接近界墙和挡板进行操作。

（5）如果防护装置没有装在恰当的位置或有损坏，不要操作浇冰车。

二、学习浇冰

1. 浇冰车上冰面前的注意事项

（1）检查水箱中的水位；

（2）刀刃必须保持水平而且要保持恰当的角度；

（3）绞犁必须完全抬升；

（4）如果要将水涂在冰面，就要将毛巾杆贴在冰面上；

（5）冰面上禁止停留无关人员。

2. 横、竖绞垄控制杆操作说明

（1）竖绞垄控制杆可以向两个方向旋转，浇冰的时候常用的方向是向后。向后拉控制杆可以清除卡在螺丝中的冰球、水瓶和冰球杆等大物品。向前的动作不能解决卡在其中的雪块，因为绞垄底部的设计是将雪吸入而不是将其抛出。

（2）要将绞垄旋转方向改为向后，制动阀要在阀控制杆上重新调整，阀控制杆起到将阀向相反的方向移动的作用。要将绞垄向相反的方向移动的话，要注意下列一些操作步骤：

①松开并将杠杆制动阀移到侧面的位置；

②确保绞垄是固定着的，启动杠杆将绞垄向相反的方向移动（在绞垄杠杆向前移动的时候）。

（3）若要将绞垄旋转方向改为向前，请将阀门杆移动到空挡位置。如果绞垄没有运行，请暂停片刻（2~3秒），然后将杠杆向后移动，实现绞垄正常旋转。如果绞垄正在运转，必须将杠杆调到空挡位置，然后等待绞垄完全停止。

提示：

（1）决不要猛烈地将杠杆拉前或拉后来排除障碍。这样做很可能给绞垄发动机太大的压力而导致损坏。包括由于此项操作而引起的不必要的故障在内，都不在保修的范围之内。此操作引起的损坏很容易通过检查发动机来发现。

（2）在运用反向操作后，要将杠杆阀停在原始的位置（防止杠杆向前方移动）。根据反向操作使用的时间频率，您应该检查绞垄的方位以及发动机的伸缩螺套，看其是否牢固。绞垄的反向旋转会使其松动。

（3）竖绞垄应该在轮班结束的时候进行清洗，然后在绞垄周围涂脂来清除表面的积水，这样做可以使其保持较长的使用寿命。

3. 洗冰

洗冰系统可将脏物和残留物从冰面上移除，经常使用洗冰系统可维持一个清洁和高质量的冰面。使用洗冰系统要注意以下事项：

（1）在使用洗冰系统之前，将水箱中加满冷水。

（2）随着绞犁的放下、横绞垄的设置和浇冰车的行驶，要完全打开洗冰水阀门。洗冰水阀门在绞犁的右侧。

（3）让阀门保持打开状态至少10秒钟。

（4）打开洗冰水泵开关。开关上的绿灯亮代表洗冰水泵正处于工作状态。

（5）应该可以看到洗冰水流入洗冰水箱右侧的一个过滤篮中。如果没有流水，应立即关闭洗冰水阀。当浇冰车撤离冰面后，检查系统中是否有阻塞。

（6）当浇冰完成后，首先关掉洗冰水泵、关闭洗冰水阀，然后将绞犁抬起。

（7）为了避免洗冰水泵推动器的损坏（可能由于运转使之干燥），始终要保证水箱中有水，在打开阀门后打开水泵前至少要等10秒钟。

（8）在每次浇冰后，检查洗水箱过滤篮中是否有碎末，如果有要将其扔掉。

（9）定期检查位于绞犁下后方的橡胶刮条是否有毁损。如果需要的话应对其进行更换，以保证良好的洗冰水系统工作顺畅。

4. 制冰水

使用热水进行制冰可以制出最好的冰面，但不要使用超过华氏160°（70℃）的水制冰，因为温度过高会损坏塑料的制冰水箱。在浇冰过程中使用制冰水要注意以下事项：

（1）随着绞犁放下和浇冰车向前行驶，打开位于绞犁左侧的制冰水阀门。

（2）可以通过调节阀门来控制水流量。在某些重要操作的地方可以减少水流量来避免留下太多的积水。例如，角落、冰面的边缘以及冰球门处。

（3）整理冰面工作结束后，在抬起绞犁之前关闭阀门。

5. 刷边器使用

刷边器可以扫除聚积在界墙板底部、防踢板的旁边以及冰面周围的冰雪，有助于制作出优质的冰面。在浇水之前，要将这些雪和冰扫除干净，这样可以防止冰结在界墙板上，否则结冰会增加铲平冰面的工作量。刷边器使用时要遵循下列一些步骤：

（1）随着绞犁的放下，绞垄开启，浇冰车向前行驶，然后打开刷边器的开关，显示灯会亮起来。

（2）打开控制阀门之后，刷边器将从浇冰车的左侧延伸出来，其电机也会启动。

（3）小心缓慢地驾驶浇冰车并保持与界墙平行，以便刷边器可以将雪从界墙板上清除干净，刷头应该可以接触到界墙板。当两者接触时，浇冰车要位于正确的方向，这样的清洁效果是最佳的。

（4）在界墙的周围完成完整的一圈后，关闭刷边器的开关（电机将停止运转）。

6. 从冰面上移除过量的水

在处理由于浇水或过分的融化使冰面上出现过量的积水时，可以按照下列步骤来移除冰面上过量的水：

（1）在操作前应该将洗冰水箱清空。

（2）驾驶浇冰车进入冰面时，降低绞犁。

（3）启动横、竖两个绞垄。

（4）逆时针旋转刀刃控制盘，将刀刃调高远离冰面，这能够让水从刀刃下流过并聚积在水泵管中。

（5）开启水泵。

（6）当水流进绞犁中的时候，将浇冰车向前驾驶并远离过量积水的地方。

（7）当从冰面上移除过量的积水之后，清空洗冰水箱并重新加入干净的冷水。

7. 从冰面上移除冰水混合物

可以按照下列步骤来移除冰面上的冰水混合物：

（1）驾驶浇冰车进入冰面时，降低绞犁。

（2）启动横、竖两个绞垄。

（3）逆时针旋转刀刃控制盘，将刀刃调高远离冰面。

（4）向将要移除冰水混合物的区域行驶。

（5）在离开冰面和抬起绞犁之前，继续转动绞犁的绞垄一段时间，目的是使两次浇冰过程中的冰水混合物不至于结冰。

（6）停止绞垄，抬起绞犁并向卸冰的地方行驶。

（7）当从冰面上移除混合物并将其倾卸后，用清水清洗绞垄。

提示：

（1）在调整、修理、清洁或者维护绞垄之前，要关掉钥匙开关并取出钥匙。

（2）如果传送系统的任何部件有阻塞的情形，就必须用水进行清洗。当进行上述操作的时候不要带手套或首饰。

（3）用水清洗绞垄的时候，必须在浇冰车撤离冰面、绞垄控制阀被调节到中间的位置以及钥匙取出之后进行。

（4）在任何情况下，驾驶员都不能在浇冰车在冰面上或者没有关掉电源之前清洗传送装置或其部件。这样做会给驾驶员及他人带来严重的人身伤亡风险。

（5）每当从冰面上清除多余的水或雪泥并将其输送到雪箱时，制冰机的制冰水箱必须是空的。制冰水箱和洗冰水箱中的水都可能使机器负荷过大。

8. 浇冰操作指示

图4–1展示了一个良好的浇冰车浇冰时的驾驶路线：

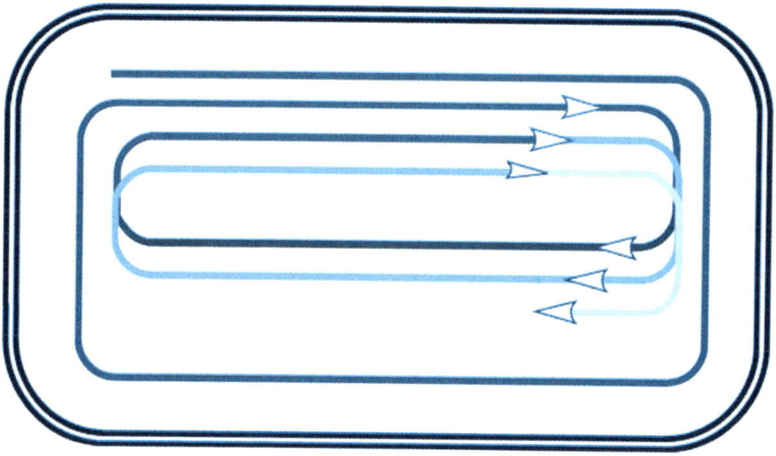

图4-1　浇冰车浇冰驾驶路线示意图

9. 浇冰车急转弯

浇冰车包括一个驱动系统，其中有一个液压安全阀。这个安全阀只有在轮子被物体卡住时才起作用。如果将方向盘放在并保持在停止位置，操作员会注意到仪表板上发出的“嘶嘶”声。这种噪声是由转向安全阀打开并允许液压油通过而产生的。操作员可能还会注意到绞垄速度下降。

因此，为了确保驾驶员在驾驶浇冰车转弯的时候平稳而且不会感觉到传送装置的速度放慢，需要驾驶员在方向盘转到底的时候将浇冰车向后退一点，然后继续转向就可以了。这样操作就能够很清楚地听到溢流阀打开的声音并且可以很牢固地控制转向。

10. 离开冰面

在完成一次浇冰过程之后，离开冰面时应注意：

（1）抬起刮冰刀刃。

（2）关闭绞犁。

（3）关闭洗冰水泵。（如果有用过的话）关闭洗冰水系统阀门。

（4）关闭制冰水阀门。

（5）当竖绞犁关闭之后，操作起降杠杆来完全抬起调绞犁。

（6）如果在室外倾卸，要将毛巾卸下以防止弄脏。

提示：

浇冰车离开冰面后的注意事项：

（1）将雪箱卸空。

（2）调节雪箱将其抬高。当雪全部卸完之后，放下雪箱。如果雪箱被抬起，要使用千斤顶之类的东西来支撑雪箱。

（3）当传送装置运行的时候，决不允许抬起雪箱。如果雪箱抬起，垂直传送装置的刀刃将暴露出来，并可能导致人身伤亡。

（4）当雪箱抬起或放下的时候，车辆要保持水平。当雪箱抬起的时候，浇冰车不能行驶。

第二节　浇冰车水系统

浇冰车水系统的组成部件见图4-2。其中，*A*水管将洗冰水箱的水输送到绞犁；*B*水管将水先聚积在绞犁里再输送到水泵将水吸入的一边，之后水泵将水抽到顶部的洗冰水箱中，在此处水可以通过过滤网循环；*C*水管将水从制冰水箱阀发出输送到绞犁；*D*阀门是可备选的连接阀，它将洗冰水箱和制冰水箱连在一起，这样可以增加制冰水箱的容量，在打开此阀门之前，要将洗冰水箱洗干净。

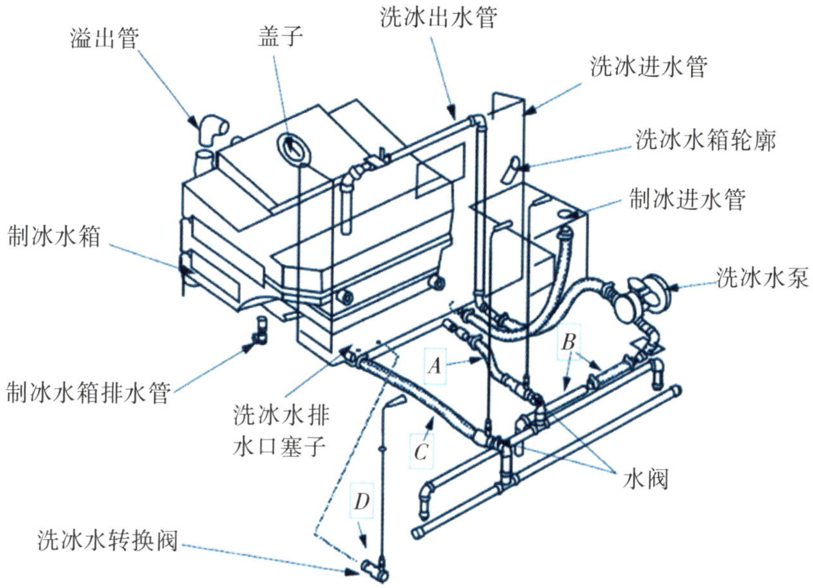

图4-2　浇冰车水系统示意图

第三节　浇冰车刀片维护

为了保证浇冰车正常工作，浇冰车的刀片必须锋利。不同的冰场条件各异，但经验表明，通常浇冰车的刀片需要在运行5~7天后重新磨刀。

一、更换刀片

（1）更换刀片时，要注意刀片螺栓固定的长杆表面是否干净，当更换刀片的螺丝时，先要安装中间的螺丝并固定，然后再向两边安装，最后安装外面的螺丝。

（2）钝的刀片在移除之后，应该马上打磨锋利以保证始终都有锋利的刀片可用。要打磨锋利刀片，需要使用专业的磨刀机床。

（3）刀片经过打磨后，应该保持24° ~26° 的角度。

提示：

（1）当刀片是新的时候，要使用其前端的螺丝孔（图4-3）。

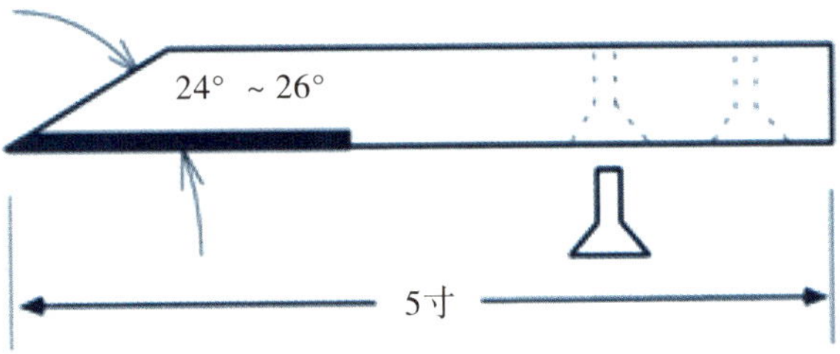

图4-3　新刀片

（2）当旧刀片只有4寸或更小的时候，要使用其后端的螺丝孔（图4-4）。

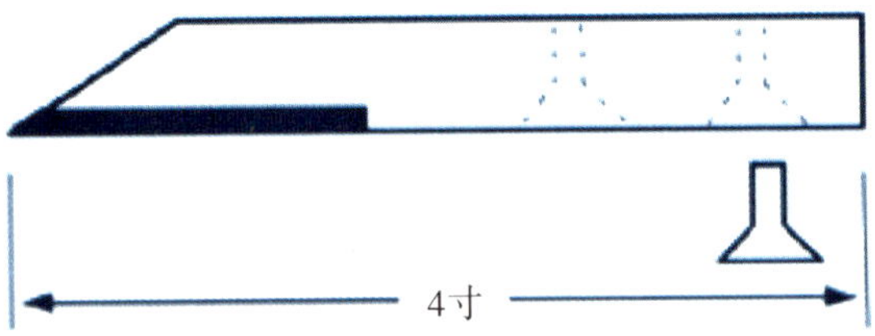

图4-4　旧刀片

（3）当刀片前端的硬质材料损耗后，刀刃的宽度大概只有3寸，就不可以再使用了（图4-5）。

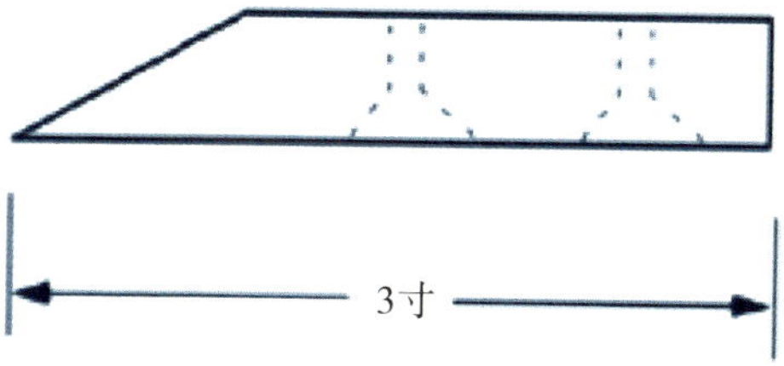

图4-5　无法使用的刀片

二、安装刀片

准备好的刀片需要安装在绞犁上面，安装刀片需要注意以下事项：

（1）旁边的六边形螺丝要起到固定的作用，使两边的刀刃与边缘保持水平（图4-6）。

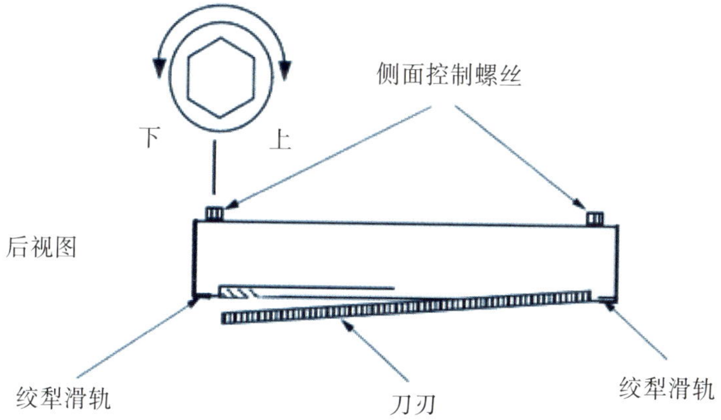

图4-6　安装刀片——六边形螺丝使用示意图

（2）中间的手柄控制装置可以调节刀刃的角度。如果刀刃与边缘是平行的，手柄控制将切割相同的深度（图4–7）。

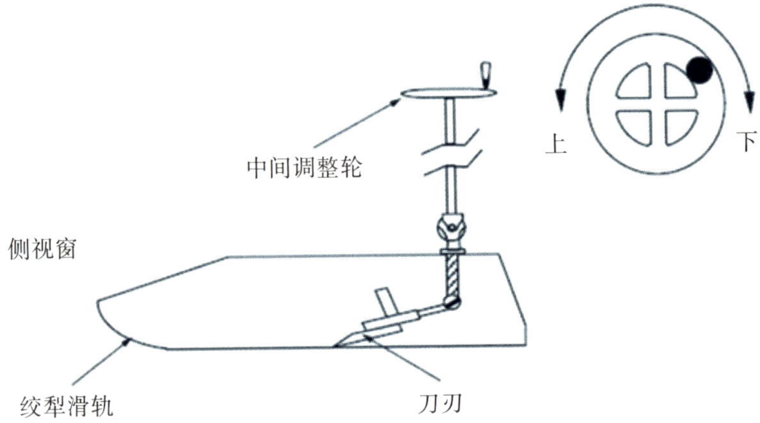

图4–7　安装刀片——中间手柄控制装置使用示意图

（3）图4–8所列的箭头方向代表将刀刃下调的方向。

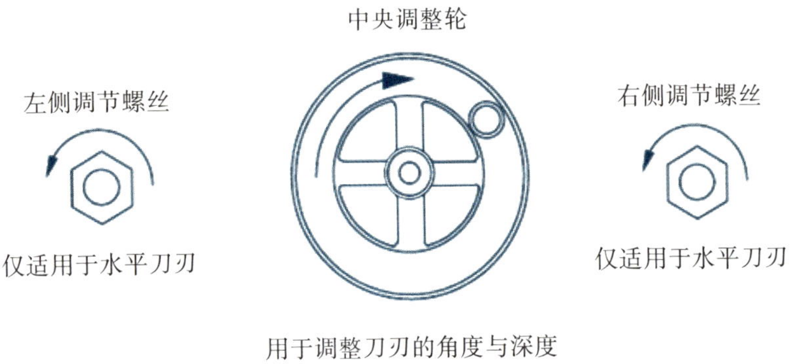

图4–8　刀刃角度与深度调整示意图

（4）固定刀片的刀架。

刀刃保护托上的两端经过机器的处理，会形成一个大约1/16寸的斜坡。这样可以使一个凹槽割出的雪进入旁边的凹槽。

当要固定刀刃的时候，先旋紧中间的两个螺丝，然后再依次向两边固定（图4–9）。

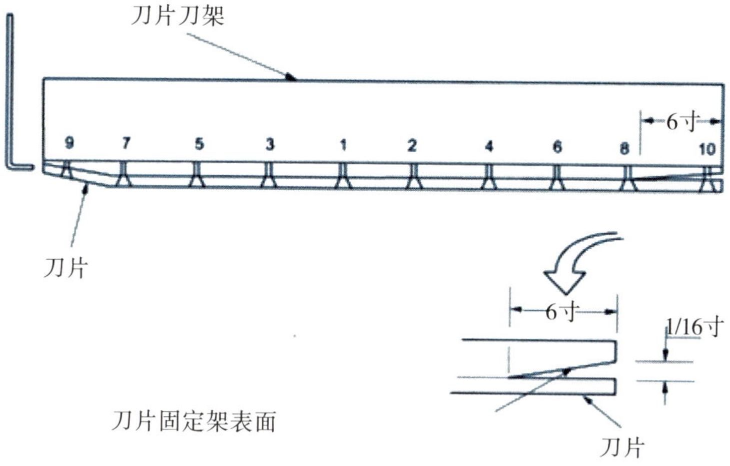

图4–9　固定刀片的刀架示意图

提示：刀刃是非常锋利的，要避免被割伤应尽可能带刀鞘操作。当更换刀片的时候要在调节器下放置一个木块。

三、设置刀刃角度和切割深度的程序

（1）通过旋转中央方向盘将刀刃与调节刀刃的平板设置成10°角（图4–10）。

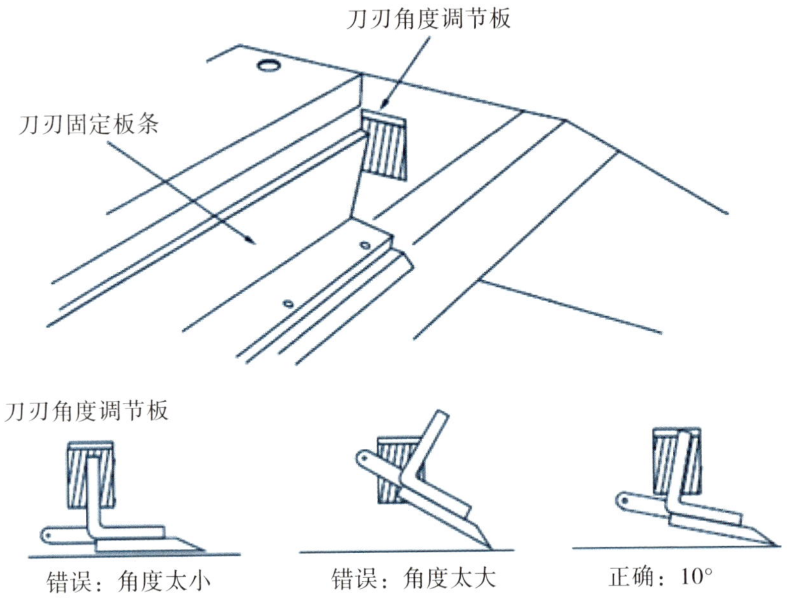

图4-10　刀刃角度设置示意图

（2）将刀刃比较锋利的一面放进两个绞犁边缘里，并保持水平。用一个平垫圈、大硬币或是刀刃调节工具来测试安装是否正确将很有帮助。

提示：如果刀刃与两个边缘保持水平，那么刀刃的绝大部分将比边缘处低1/16寸。由于一个1/16寸的切口将是很深的，因此在操作的过程中，可以将中央方向盘逆时针旋转以略微调高刀刃（对于一个5寸宽的新刀刃来说，旋转方向盘1.25圈就大体相当于刀刃升降1/16寸的深度）。

四、使用修边机

1. 修边机的作用

在冰场正常运营的期间，冰面的周围会不断变高。如果不将其铲平，一方面会增加浇冰车平整冰面周围的难度，另一方面会给滑冰者带来潜在的危险。因此，需要使用修边机辅助修正冰面（图4-11）。

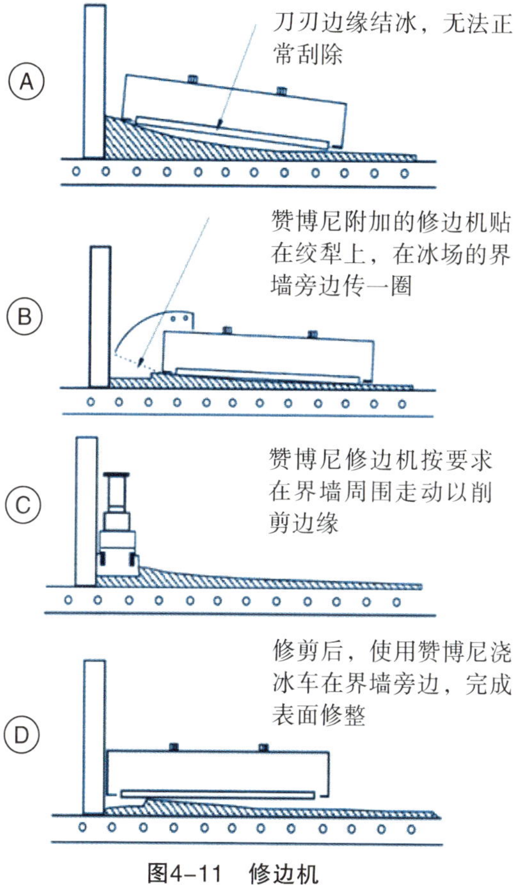

图4-11　修边机

2. 修边器的连接与调整

将修边器安装在驾驶员侧面的绞犁上，然后将图4–12中显示的三个修边器安装螺丝拧紧。修边器刀刃的深度可以通过调节图4–12中所示的两个刀片调节固定螺丝来完成。

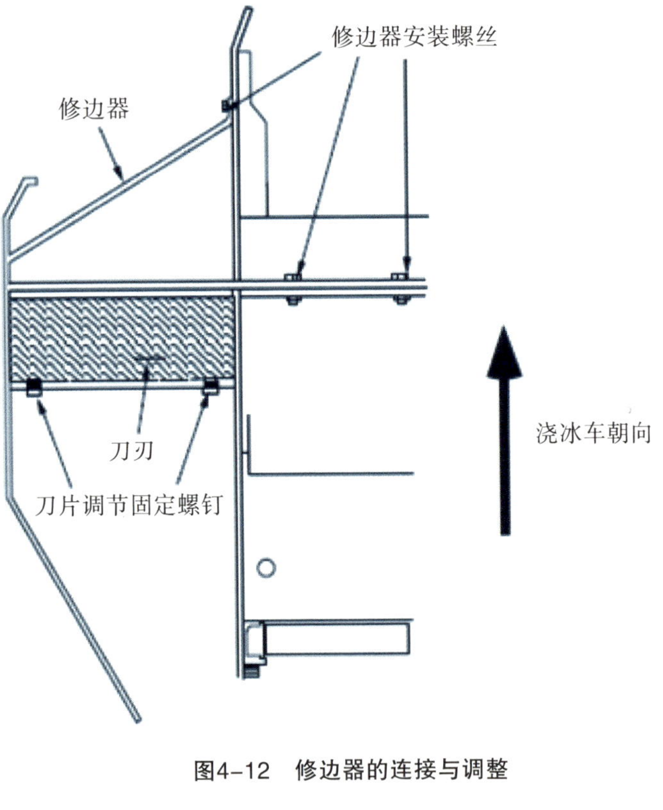

图4–12　修边器的连接与调整

可按照下列步骤使用修边器：

（1）在界墙周围缓慢地行驶，充分降下绞犁，然后逆时针调节方向盘，用绞犁的刀刃切掉突起的冰面。

（2）开启传送装置。

（3）沿着界墙的周围行驶一两圈，不要让修边器碰撞到栏杆或界墙。

（4）将修边器拆下来。

（5）以普通的方式整理冰面。

第四节　紧急情况操作

紧急情况下（如机器无法正常运行时），可使用手动泵升高绞犁或雪箱。紧急手动泵位于浇冰车的后部。

紧急手动泵的操作（图4–13）：

（1）升高雪箱：①给紧急手动泵安装手柄；②当压手动泵杆*A*的时候，同时向前推雪箱阀杆。

（2）升高绞犁：当压手动泵杆*A*的时候，同时向前推动绞犁提升阀杆。

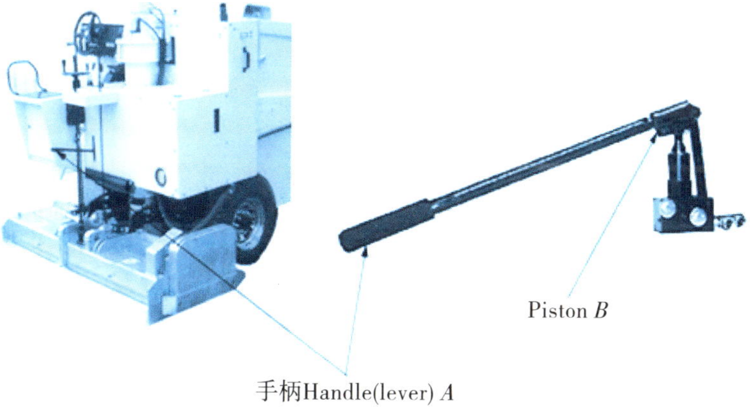

图4–13　紧急手动泵操作示意图

第五节　电池充电与保养

一、电池充电

（一）电池电量信息

正确的电池充电和使用对于维持赞博尼650浇冰车的性能至关重要。赞博尼650浇冰车使用铅酸可充电电池，这些电池在设计、性能和结构上都是最先进的。此外，本机使用的大多数电池充电器均具有计算机控制和诊断信息。电池的电量信息显示在BDI显示器上（图4-14）。

图4-14　电池充电指示（BDI）

BDI表读取电池可用能量的可用部分，其使用10段LED显示屏显示此信息。BDI可以提供电池的电量状态，当BDI的所有10个分段都亮时，表明电池已充满电；当BDI上的5个分段点亮时，这意味着电池已达到可用容量的50%，依此类推。铅酸电池的可用部分为其额定容量的80%。例如，电池包装的额定容量为600安培小时（Ah），其可用部分为600的80%，即480Ah。当BDI显示10个分段熄灭时，这意味着电池已放电至额定容量的80%，或称为“完全放电”。当电池的可用范围下降到8%以下时，BDI还会显示“电池电压低”警告。

在正常的浇冰过程中，赞博尼650冰面重新修复冰面大约使用的电量为30Ah。这30Ah约占可用电池容量的6%~7%。BDI区段以10%的增量下降。因此，充满电的机器进行第一次冰面重修并不会降低BDI量表的读数。由于冰面条件随冰场的大小、切割深度、刀片的锋利程度、驱动的搭接圈数等变化而变化，因此每次浇冰可能会消耗更多或更少的能量，BDI的读数也会有所不同。

操作人员在使用浇冰车过程中，应合理规划浇冰车的工作班次，以便能够保证电池在一天结束时达到完全放电的水平，并有足够的充电时间。如果电池已完全放电（BDI电量计为10%或更少），则电池需要8个小时才能充满电。

新电池要经过数次循环（放电/充电）后才能达到其全部容量。在此期间，新电池过度放电可能会损坏电池的使用寿命，因此对于新电池（20周以内）的使用，当其放电直至BDI表读数为6段（60%）时，就应该停止使用将其充满电。

提示：（尽量避免下述情况发生）

（1）驾驶员应尽量不要使用BDI显示2段（20%）或更小的电量浇冰、清冰。过度放电会损坏电池，并会影响电池的寿命和工作能力。

（2）当电池的可用范围下降到8%以下时，BDI还将显示“电池电压低”来为操作员预警。

（3）当BDI显示达到“0”（无段点亮）时，机器可能会停止运转，然后要人力将浇冰机推到充电器旁以便为电池充电。

（二）正确充电的注意事项

为了延长电池使用寿命，并保证充电安全，在充电时应注意以下事项：

（1）在充电时，要确保机器的钥匙开关已关闭，钥匙已拔下且充电开关已关闭。

（2）电池的充电时间表取决于浇冰车的使用时间，应注意，当电池电量低于2节或BDI表上显示为20%时，充电时间可能长达6~8小时。平均用量较低的情况下，只需要每天晚上工作结束后给电池充电，但是在高使用期间可能需要应急充电。应急充电的总原则是当电池电量还有50%左右的时候就要开始充电，不能在电池电量较低时实施应急充电。

如果在一周中使用应急充电，并且电池通常没有充满（100%）电量，则至少每周一次以正确充电方式将电池充电至100%（用充电器充电直至充满自动关闭）。为了最大限度地延长电池使用寿命，除非特殊情况，否则应将应急充电保持在最低使用次数。

（3）电池充电过程中，周围禁止吸烟、明火或火花。

（4）连接或断开电池时，充电器的开关必须始终处于“OFF”状态。

（5）给电池充电时，应将雪箱抬高，并且必须使维护支架就位。

二、电池保养

保持适当的电池状态对于延长电池寿命很重要。正确的维护包括：（1）将电池的电解液（电池中的酸/水混合物）维持在建议的水平高度；（2）在正确的时间和位置给电池添加电解液；（3）保持电池干燥和清洁；（4）电池开路电压测量和比重测试；（5）做好检查记录；（6）注意低温环境使用。

（一）将电池的电解液维持在建议的水平高度

电池单元中电解质含量低会导致极板氧化并缩短电池的使用寿命。正确的电解液液位应在板上方1/2处，或不超过电池盖槽的一半（图4–15）。

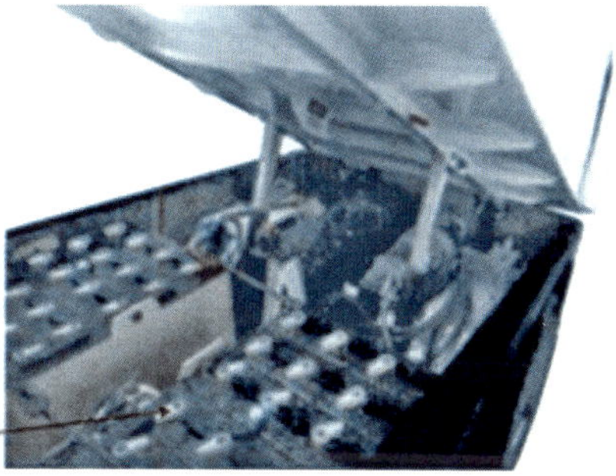

图4–15　电池盖

（二）在正确的时间和位置给电池添加电解液

应该在完整的充电周期结束时或完整的充电周期完成后1小时内将电解液添加到电池中。每周添加电解液不超过1次。

（三）保持电池干燥和清洁

通常，可以使用低压压缩气筒吹掉电池上的大多数灰尘。如果电池已加满电解液，则电解液将聚集在盖子上，电池的顶部将被弄湿，这会导致电池表面被腐蚀并堆积一些残留物。因此，为使电池表面清洁，必须用小苏打和水的溶液“冲洗”电池，然后用低压压缩气筒干燥电池。

提示：小苏打溶液可由0.5千克小苏打和4升水配比制作。在清除电池表面污垢时，用具有柔韧性的硬毛刷将小苏打溶液涂在电池顶部，直到溶液的“鼓泡”停止。在涂抹小苏打溶液时，电池的排气帽必须拧紧，以防止溶液进入电池。

（四）电池开路电压测量和比重测试

除了检查电池的电解液水平和外部状况外，还需要进行电池开路电压（OCV）测量和比重测试（SG）。

1. 电压测量

电池开路电压使用电压表完成测试，以读取每个电池的开路电压。在执行此测量时，机器务必停止运转。读取电池电压数至百分之一（0.01）伏特，并记录，如2.09。每周测量所有四十个电池单元。所有电池的电压与平均电池电压的差值应在0.05之内。超出范围的电池单元很可能是需要维修或需要重点关注的电池单元。

2. 比重测试

比重测试是使用比重计测量电解质的比重。该测试必须使用适当的安全设备进行，包括安全眼镜、防护（耐酸）手套、围裙和其他衣服。除非需要，否则不必每周对每个单元进行比重测试。每周测试五个单元，并在随后的每个星期测试五个不同的单元，以确保在一个月的时间内，所有单元都已经通过这种方式进行了测试。此外，也可以使用比重计内置的温度计记录电池温度，并进行记录。

进行比重测试时，还应记录电解液的外观，状况良好的电解质是透明无色的。浑浊、黑暗或有颗粒（物质）悬浮的电解液表明电池有问题，必须由电池技术人员检查和维修电池。

（五）做好检查记录

做好检查记录是电池维护的重要组成部分。要记录电池的充电次数、周期和电池的使用情况。检查记录将有助于发现电池的使用趋势，并保证电池已正确充电、添加电解液等。

每周要记录一次整个电池中每个电池的开路电压测量值。除非需要，否则不必每周对每个电池单元进行比重检查。可以每周测试五个单元，并在随后的每个星期测试五个不同的单元，以确保在一个月的时间内，所有单元都已经通过这种方式进行了比重测试。

（六）注意低温环境使用

当机器在非常低的温度下（-20℃）运行时，电池容量减少。在低温下运行还会由于形成冰晶而导致机械故障、短路和过多磨损。这些问题的直接原因是温度的极端变化以及空气中的湿度会导致冷凝。

因此，在低温环境中使用电池应该注意：

（1）确保在每个工作周期开始时电池已充满电；

（2）尽可能在不使用机器时将其放在温暖的存放区域；

（3）切勿用结冰的电解液给电池充电。

复习思考题

（1）浇冰车多长时间更换一次刮刀？

（2）根据你的认知，谈谈一次完整的浇冰过程应该注意哪些重要环节。

（3）谈谈浇水车的电池应该如何充电和保养。

下篇　造雪师部分

第五章　造雪技术介绍

本章导读

数十亿年来，我们的星球只知道天然雪，但随着全球变暖开始对季节性降雪造成影响，滑雪行业越来越多地转向使用技术来制造雪以满足需求，推动了造雪技术的发展。本章主要介绍了造雪机的出现、滑雪道、造雪师应具备的能力及雪场造雪等方面的内容，使学生能够对造雪技术有一个比较全面深入的理解。

第一节　造雪机的出现

一、雪道背后的秘密

如果你曾经观看过冬奥会的滑雪比赛，或者亲自参观过滑雪场，你看到的雪很可能不是天然的，而是由造雪机制造的。所有的雪都是一种冰晶——但人造雪的形成方式与天然雪大不相同，具有不同的结构。天然雪以水蒸气分子的形式形成，漂浮在大气中，温度徘徊在冰点附近或以下。

空气中有无数个小尘埃和微粒子漂浮，高空的空气逐渐稀薄，呈现出水蒸气无法入侵的饱和状态，此时有部分水蒸气就进入小灰尘等微粒子，形成冰晶。

当水蒸气遇到所谓的“成核剂”（通常是粉末或灰尘）时，

它就会从气体变成固体，即结冰形成一个六边形的冰晶。随着时间的推移，这种微小的晶体会与更多的水蒸气分子碰撞，水蒸气分子会附着并冻结。渐渐地，它变成了一个美丽的冰晶。完全成形的雪花通常也是六边形的，因为分子自然地结合在冰晶的六边形结构中（图5-1）。

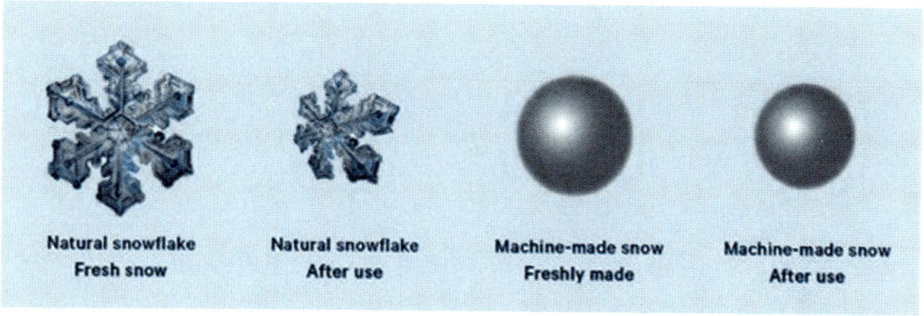

图5-1　自然雪与人造雪的比较

然而，并不是所有的雪看起来都像典型的雪花。例如，非常寒冷、干燥的空气会产生小的粉末，它们不会黏在一起，这对“粉末滑雪”很好。当温度变暖时，雪花会在边缘融化，形成“湿”黏的雪，这更适合堆雪人。

二、造雪机历史

1934年，华纳兄弟公司的技术总监路易斯·盖布在伯班克一个阳光明媚的外景场里变出了一场寒冷潮湿的暴风雪。他的发明是已知的第一个造雪机的原型，其由三个旋转的叶片和一个大功率的风扇组成，叶片可以从一个400磅重的冰块上刮冰，风扇可以将产生的颗粒吹到空气中。盖布的机器是水结晶造雪机的简单技术先驱，每年冬天，全国大约90%的滑雪胜地都会使用这种造雪机。盖布的机器是拍摄特写镜头的理想选择，正如影片中的小演员们所了解的那样，它也适合拍摄雪球，尽管它们很快就在好莱坞的聚光灯下消失了。盖布的创新在银幕之外也大受欢迎，因为蓬勃发展的滑雪业务——有时会为大型活动用卡车运雪——开始试验同样的技术。1934年冬天，多伦多滑雪俱乐部从当地的一个滑冰场改装了一架刨冰机，因为大自然没有为预定的比赛提供遮盖。

阿特·亨特、戴夫·里奇、杰夫·怀特和韦恩·皮尔斯在1950年发明了真正的造雪机，后来又获得了一项专利。1952年，格罗辛格的卡茨基尔度假酒店成为世界上第一家使用人工雪的酒店。造雪技术在20世纪70年代初开始被广泛使用，许多滑雪胜地严重依赖造雪活动。随着复杂性的增加，造雪的效率也在提高，一般来说，造雪的质量取决于设备操作人员的技能。

早期的造雪机基本上就是一个巨大的软管。现代造雪机拥有先进的机载气象站、可调节的喷嘴和复杂的软件，能够随着温度或湿度的变化最大限度地输出雪量。一台最先进的“雪枪”造出的雪可以在1小时内装满10辆卡车。

天然雪是由水蒸气形成的，人造雪晶是由冰冻的液态水制成的。然而，在大多数其他方面，它们的形成过程是相似的。造雪机有两种：造雪枪和风扇造雪机。图5–2是一台风扇造雪机，它看起来像一个巨大的吹风机，中间有一个风扇，出风口被金属齿环绕着。

大多数金属齿都是微小的喷嘴，可以喷出细小的水滴，位于它们中间的喷嘴起着核反应堆的作用。就像天然雪一样，由造雪机喷射的水滴需要颗粒的帮助来启动冻结过程。但是，机械成核器不是喷出灰尘或花粉，而是

图5–2　风扇造雪机

制造微小的冰粒来完成这项工作。压缩空气通过喷嘴向上喷射，在那里它与水相遇并将其分解成微小的水滴。压力的突然下降剥夺了系统的热量，使水迅速冷却，形成一个微小的冰粒——雪的“种子”。巨大的扇子推动这些种子进入空气中，与细雾状的水滴一起。当水滴遇到种子时，它们会粘在种子上并开始冻结。冰晶需要一段时间才能冻结，所以造雪机设计成将冰像子弹一样发射到很高的空中，高度也允许额外的时间蒸发，这有助于冻结初雪。

第二节　滑雪道介绍

一、滑雪道等级

滑雪道是指有标记的滑雪路线，主要用于滑雪或其他高山运动。一般来说，雪场的滑雪道会依据不同难度区分为不同的级别，并用不同的颜色和形状标识区分。

（一）北美、澳大利亚和新西兰滑雪道的等级划分

在北美、澳大利亚和新西兰，使用一种颜色形状的评级系统表示滑雪道的相对难度。滑雪道的陡度通常用坡度（百分比）来衡量，一般来说，初级滑雪道的坡度（绿色圆）在6%~25%，中级滑雪道的坡度（蓝色方块）在25%~40%，高级滑雪道的坡度（黑色钻石）在40%以上（图5-3）。然而，这只是一般的“经验法则”。需要注意的是，对滑雪道进行评级是依据其难度最大部分的坡度进行的（表5-1）。

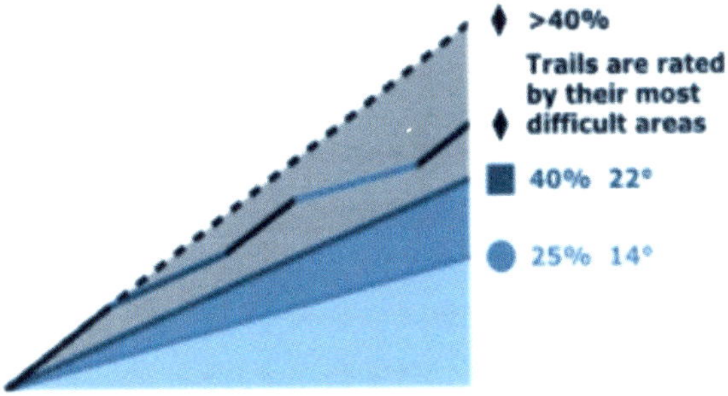

图5-3　北美、澳大利亚和新西兰不同难度滑雪道示意图

表5-1　北美、澳大利亚和新西兰不同难度滑雪道的图例及其说明

滑雪道级别示例		难度级别	说　明
绿色圆		初级 最容易	一般来说，绿色圆代表的滑雪道宽敞、平整，坡度从6%到25%不等，难度较低
蓝方块		中级 较难	一般来说，蓝色方块代表的滑雪道是平整的，坡度范围从25%到40%不等，难度中等。在大多数滑雪场，蓝色方块的雪道构成了滑雪道的主体
黑钻石		高级 难度很高	一般来说，黑色钻石代表的滑雪道是陡峭的，坡度在40%以上，难度很高
双黑钻石		仅限高水平选手 难度极高	双黑钻石代表的滑雪道比单个黑钻石更难，因为异常陡峭的斜坡和其他危险，如狭窄的雪道，并设计了一些障碍，它们只适合最有经验的滑雪者 由于赛道建设和维护的技术进步，加上激烈的市场竞争，从而创建了双黑钻石级滑雪道

（续表）

滑雪道级别示例		难度级别	说　明
变化的		多类别	有时也会使用一些变化，比如将一个符号加倍来表示难度增加，或者将两个不同的符号组合起来表示难度适中。另外，方块与钻石重叠，表示蓝色方块与黑色钻石之间的评分，通俗地说就是“蓝黑”。还有一些度假胜地使用中间有“EX”的双钻标志，以标记比双钻更难的极端地形。其他度假胜地，如佛蒙特州的走私者隘口、魁北克的勒马西夫、蒙大拿州的大天空和密歇根州的波西米亚山，则使用了三颗黑钻石。在北美的滑雪场，这种符号组合相对少见；大多数滑雪场都坚持使用标准的4个符号的进程（除了科罗拉多州常见的EX赛道）
单板滑雪场		多类别	单板公园有整个或部分的滑雪道可以提供各种跳跃、U型槽和其他特殊的“极限”运动障碍，超越传统的雪上滑雪。这些轨迹通常由一个带有圆角的橙色矩形表示 通常，单板公园会有自己的雪道等级，表明挑战级别。黑色钻石或双黑钻石等级的单板公园将包含比方蓝色等级的公园更大更有挑战性的障碍。通常情况下，滑雪者无须通过单板公园的任何特征就可以下降，这是一种比其他选择更容易的下降方式

（二）欧洲（不包括斯堪的纳维亚半岛）滑雪道的等级划分

在欧洲，滑雪道的等级也是按颜色标识的。虽然所有国家都使用了基础的蓝色（初级）、红色（中级）和黑色（高级）3种颜色，但是每个国家实际的颜色系统各不相同，通常形状只使用圆形。表5-2列出了欧洲（不包括斯堪的纳维亚半岛）不同难度滑雪道的图例及其说明。

表5-2　欧洲（不包括斯堪的纳维亚半岛）不同难度滑雪道的图例及其说明

滑雪道级别示例		难度级别	说　明
绿色圆	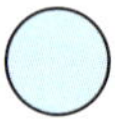	难度最低	只有法国、波兰、西班牙和英国设立这一级别。这些滑雪道通常是没有标记的路线，往往是大型的、开放的、平缓倾斜的区域
蓝色圆		初级	斜坡坡度一般不超过25%，但坡度较高的短宽路段除外
红色圆		中级	它们比蓝色的斜坡更陡或更窄，通常都是修整过的，坡度一般不超过40%，但坡度较高的短宽断面除外

（续表）

滑雪道级别示例		难度级别	说　明
黑色圆		高级	在奥地利、意大利和瑞士，黑色的雪道几乎都是经过修整的，因为未经修整的雪道被标记为边缘雪道或路线；在法国，一些黑色雪道是修整过的，但大多数不是。黑色可以是一个非常广泛的分类，从比红色稍微难一点的坡道到非常陡峭的雪崩斜槽，比如高雪维尔的雪沟。法国人对红色和黑色雪道的难度级别界限比较高
橙色圆		极其难	在奥地利、瑞士等少数地区，橙色被用来标记比黑色更难的雪道
黄色圆		多类别	近年来，许多地区将一些黑色坡道重新划分为黄色坡道。这些未经修整和无人巡逻的路线，实际上是滑野雪，但有标记，并确保不发生雪崩。著名的例子是位于瑞士瓦莱斯州策马特的斯托克霍恩地区和韦尔比亚的托尔廷山坡。在奥地利，教堂的边缘通常用橙色的方块来代替。用红钻石或黑边红钻石标记这些路线也很常见，后者更难
橙方形			
红钻石			
黑边红钻			

（三）斯堪的纳维亚半岛（北欧地区）滑雪道的等级划分

在斯堪的纳维亚半岛（北欧地区），滑雪道等级的划分使用了与欧洲其他区类似的颜色，但是增加了不同的形状，表5-3列出了斯堪的纳维亚半岛（北欧地区）不同难度滑雪道的图例及其说明。

表5-3　斯堪的纳维亚半岛（北欧地区）不同难度滑雪道的图例及其说明

滑雪道级别示例		难度级别	说　明
绿色圆		非常简单	坡度高达9°（16%）
蓝方形		简单	坡度高达15°（27%）
红方形		较难	坡度高达25°（47%）
黑钻石		难	坡度超过25°（47%）。在某些领域也可以使用三黑钻
双黑钻石	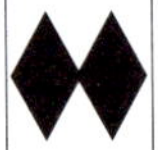	非常难	

（四）日本和国内滑雪道的等级划分

滑雪道等级划分使用了绿色、红色和黑色3种颜色，形状使用圆形。表5-4列出了不同难度滑雪道的图例及其说明。

表5-4　不同难度滑雪道的图例及其说明

雪道级别		难度级别	说　明
绿色圆		初级	初级难度的滑雪道通常位于山脚附近，但也有一些是从山顶蜿蜒而下的
红色圆		中级	中级滑雪道占据了滑雪场的主流
黑色圆		高级	高级滑雪道是滑雪区域内最陡、最难的坡道。与其他滑雪场的同类坡道相比，这些坡道的难度很大程度上取决于受众人群

二、滑雪道养护

滑雪道通常使用被称为压雪车的履带式车辆来维护，以压缩或“清理”积雪，平整路面，去除雪堆，重新分配积雪，延长滑雪季节。当积雪量很低的时候，通常用造雪机和雪储备来增加，确保整个季节都有积雪。

第三节　造雪师应具备的能力

一、适应工作环境的能力

在适应工作环境方面，造雪师应具备以下能力：

（1）能够使用空气、水和风扇设备生产优质雪。

（2）能够在上午12:00至晚上12:00工作12小时，通常交替工作3或4天（天气允许的情况下）。

（3）根据健康和工业安全法规安全地执行所有工作。

（4）能够与滑雪巡逻、缆车运行和组织活动等其他部门密切合作并提供协助。

（5）能够操作各种电气、空压机和水设备。

（6）能够操作各类机动设备上下山。

（7）根据需要执行必要的维护职责。

（8）上班或下班时遵守所有山区规章制度。

二、个人所具备的能力

在个人层面，造雪师应具备以下能力：

（1）造雪需要的知识、技巧和能力。

（2）良好的团队合作能力。

（3）具备执行手动任务的体力。

（4）能够在各种天气条件下进行户外工作。

（5）独立思考和工作的能力。

（6）能够以最低、中级水平滑雪或单板滑雪。

（7）良好的机械操作能力，有经验证明的更好。
（8）能够驾驶雪摩托、雪地履带车或压雪车更好。
（9）具备一定的造雪经验。
（10）拥有在山地地形行动的知识。

三、职业晋升能力

在职业晋升方面，造雪师应具备以下能力：
（1）规划成为未来造雪师职业道路。
（2）山区运维管理。

第四节　雪场造雪

通过将水和压缩空气注入雪中来制造雪。造雪主要用于滑雪胜地，以补充天然雪。这使滑雪场可以提高积雪覆盖的可靠性，并将滑雪季节从深秋延至早春。室内滑雪场使用造雪，通常全年都可以，因为它们有气候可控的环境。

随着天气模式的变化和室内滑雪场的日益普及，对雪的需求超出了自然所能提供的范围，造雪机的使用变得越来越普遍，解决了雪供应短缺的问题。根据欧洲环境署（European Environment Agency）的数据，自20世纪70年代以来，北半球的雪季每10年减少5天，因此增加了人造雪的生产需求。一些滑雪场使用人造雪来延长滑雪季节，增加自然降雪；然而，也有一些滑雪场几乎完全依靠人工造雪，如在2014年索契冬奥会、2018年平昌冬奥会和2022年北京冬奥会，人工雪被广泛使用，作为天然雪的补充，为比赛提供了最好的条件。然而，人工造雪需要非常大的资源成本。

雪场造雪的关键考虑因素是提高水和能源的效率，增加造雪的环境窗口。造雪需要水泵——使用喷枪时需要空气压缩机——这些都是体积非常大且昂贵的设备。喷枪人工造雪所需能量0.6~0.7 千瓦时/立方米，风机喷枪人工造雪所需能量1~2 千瓦时/立方米。人工雪的密度在400~500公斤/立方米，生产雪的耗水量大致与此相当。人造雪需要大量的水源，如河流或水库，需要使用泵房里的大型电动泵将水输送到山上的管道，并通过一系列复杂的阀门和管道分布到需要实施造雪的位置上。许多滑雪场还会添加成核剂，以确保尽可能多的水结冰变成雪。这些产品是有机或无机材料（无毒、可生物降解），促进水分子形成适当的形状，冻结成冰晶。

另外，雪的产生需要低温。当湿度降低时，造雪所需的温度增加。由于造雪时需要考虑空气温度和相对湿度，所以使用湿球温度作为度量标准。空气越潮湿，它能吸收的水分就越少。大气湿度越高，将小水滴变成雪晶的温度就越低。

以摄氏度为例：

干燥温度0℃，湿度90% 等于湿球温度-0.6℃

0℃干燥时，湿度30%时等于湿球温度-4.3℃

+2℃的干燥温度和90%的湿度等于+1.5℃湿球温度

干燥温度+2℃，湿度30%等于湿球温度-2.8℃

以华氏度为例

32℉的干燥温度和90%的湿度等于31.43℃的湿球温度

32℉的干燥温度和30%的湿度等于24.84℃的湿球温度

要启动造雪系统，需要-2.5℃（27.5℉）的湿球温度。如果大气湿度非常低，在略高于0℃（32℉）的温度下可以达到这个水平，但如果空气湿度很高，则需要较低的温度。冰点附近的温度称为边界温度或限制温度，如果湿球温度下降，就能更快更有效地产生更多的雪。造雪是一个相对昂贵的能源使用过程，因此限制了其使用。

复习思考题

（1）如何区分滑雪道的等级？

（2）结合实际，谈谈你具备了造雪师应具备的哪些能力？

（3）如何理解雪场造雪温度与湿度的关系？

第六章　造雪机介绍

本章导读

造雪机的出现解决了滑雪场地雪供不应求的问题，可以提高积雪的可靠性，并将滑雪季节从深秋延至早春。随着天气条件的变化和室内滑雪胜地的日益流行，造雪机的使用正变得越来越普遍。本章主要介绍了造雪机的种类、规格及其基本安全要求，使学生能够对造雪机有一个初步的认识和了解。

第一节　造雪机的种类

造雪机通过喷嘴圈将水和空气的精细混合物喷射到低压风扇的喷射流中。在适当的天气条件下，这种水空气混合物会结晶成微小的雪晶体洒落到地面。对于大多数造雪机来说，雪的质量可以通过调节混合物中的水量来改变。一般来说，造雪机有3种类型：内部混合造雪机、外部混合造雪机和风扇造雪机。这3种类型的造雪机分属两大类，即空气与水混合式造雪机和风扇造雪机。空气与水混合式造雪机可以安装在塔上或地面的支架上，它使用更高压力的水和空气；风扇造雪机使用一个强大的风扇来把水吹射到高处，使之飘向很远。关于内部混合造雪机、外部混合造雪机和风扇造雪机的介绍如下。

一、内部混合造雪机

内部混合造雪机有一个腔室，其中水和空气混合在一起被迫通过风扇或通过孔洞，然后像雪一样落在地上。这种造雪机通常使用三脚架固定在地面，需要大量的空气来补偿较短的飘浮时间（水在空中的时间）。一些较新的造雪机是塔形的，由于漂浮时间的增加，使用的空气要少得多。水流决定了要制造的雪的类型，水流由可调节的水阀控制。

二、外部混合造雪机

外部混合造雪机有一个喷嘴，它将水作为一个水流喷射出来，空气喷嘴使空气通过这个水流，分解成更小的水颗粒。这种造雪机有时配备有一套内部混合喷嘴，被称为核子器，这些有助于使水滴在冻结时结合在一起。外部混合的造雪机通常是塔炮式的，依靠较长的漂浮时间来冻结雪。这使他们可以使用更少的空气。外部混合造雪机通常依赖于高压来正常工作，所以供水系统可以完全打开，水流量也可以通过造雪机上的阀门来调节。

三、风扇造雪机

风扇造雪机与其他造雪机有很大差异，因为它们需要电力来驱动风扇以及车载往复活塞空气压缩机，现代的风扇造雪机不需要来自外部的压缩空气。压缩空气和水通过各种不同的喷嘴（有许多不同的设计）从机器中喷射出来，然后从大风扇吹来的风将其吹成空气中的雾状，从而达到长时间的飘浮。风扇造雪机有

12~360个喷嘴，安装在机器前面的一个环上，风扇通过这个环吹气，这些喷嘴可以由阀门控制，阀门有手动、手动电动或自动电动（由逻辑控制器或计算机控制）等。

第二节　造雪机规格

一、造雪机技术数据和性能特征

造雪机的管嘴数量、核子器管嘴、风扇转速、风机功率、压缩机功率、供暖功率、荷载、水压力、水流比率等参数见表6-1。

表6-1　造雪机技术数据和性能特征参数表

参数＼类型	节能静音型	顶级型	大功率型	入门型	基础型
管嘴数量（个）	310	355	355	32或300	32或300
核子器管嘴（个）	45	45	45	20	20
风扇转速（转/分钟）	1450	1450	2900	1450	1450
风机功率（千瓦）	11	15	18.5	9	15
压缩机功率（千瓦）	4	4	4	4	4或4.5
供暖功率（千瓦）	4.2	4.2	4.2	4.2	4.2
荷载（千瓦）	19.5	23.5	27	18.5	24.5
水压力（帕）	8~40	40	40	40	40
水流比率（升/分钟）	41~4251	50~6391	50~6391	60~6101	60~6101

二、造雪机尺寸和重量

造雪机尺寸和重量参数见表6–2。

表6–2　造雪机尺寸和重量参数表（仅供参考）

参数	三脚架	轮子
长度（厘米）	260	274
宽度（厘米）	215	215
高度（厘米）	187	190
入门型重量（千克）	678	773
经济型重量（千克）	650	760
顶级型重量（千克）	735	845
顶级静音型重量（千克）	755	865
大功率型重量（千克）	680	790
基础型重量（千克）	718	813
超级静音型重量（千克）	670	780

第三节　造雪机基本安全要求

一、电气系统的安全说明

电力或控制线路内可能存在危险的电压，可能会造成生命危险。因此，除一般适用的基本法规外，任何维修或维护工作都必须遵守以下规则：

（1）定期检查电源连接情况（连接电缆和插头）。如果有明显的损坏，则必须立即更换这些部件。

（2）在开始任何服务或维护工作之前，必须断开造雪机的电源，并确保其不会意外打开。

（3）如果出现故障，要由专业人员进行处理。在再次操作造雪机之前，必须解决由机器故障或安装内部引起的问题。

（4）除了正常的维护工作外，如检查电源连接和电缆，电气控制系统的所有修改或更换必须由专业人员完成。

二、液压系统的安全说明

造雪机的工作压力最大为40帕，这些压力会产生很大的力量，在出现缺陷时可能会造成伤害。因此，在将机器与压力水管连接时，必须遵守以下规定：

（1）仅使用额定值能满足此工作压力的软管和联轴器。普通的消防软管不适用于制雪装置。

（2）应定期检查软管和联轴器，如果有明显的损坏，则必须立即更换。由于现在软管是双层的，因此即使是外部仍然有防漏的软管也可能是有缺陷的，需要仔细检查。

（3）有缺陷的软管只能由专业的公司维修。在操作过程中，在软管连接到联轴器处需要施加高达800公斤的力，因此需要适当的液压处理技术。

（4）当软管中有冰块时，切勿使用有压力的水去冲洗冰块。软管中的冰块可能会对造雪机造成损害（阀门、水过滤器等）。

（5）切勿对仅在一端连接的软管施加压力。软管的压力会引起较高的径外力，这可能会导致危险并造成伤害。

（6）在搬运软管时，应该将软管卷起来，放在车辆的地板上，而不要把软管拖到雪地摩托车或滑雪道后面。

三、附加安全说明

（1）造雪装置不得由一人单独操作。发生事故时，必须有专人组织救援或抢救。

（2）在操作造雪机时，务必穿着合适的服装，要避免宽松的缎带、围巾等，因为这些衣物很容易进入风扇的吸入区域，造成伤害。

（3）保护喷嘴圈或风扇的进出风口。

（4）将造雪机放置在尽可能水平的区域，以便于操作。要注意最大坡度，如果有极端天气的情况，造雪机可能会倾倒。

（5）对于安装在三脚架上的机器，在安置前必须伸出支撑脚，而且要对齐水平支撑脚的基础框架。

四、对其他人的安全保护

除了在操作造雪机时对操作员的安全保护外，还应考虑对其他人的保护：

（1）在运输造雪机时务必使用适合运输的合格车辆。每次运输前，务必检查车辆的拖车装置以及造雪机的拖车联轴器，确保拖车装置上的安全卡扣能正常工作。此外，在运输过程中要用链条固定机器。

（2）放置机器时，确保滑雪者在安全距离内可以看到机器。

（3）要确保机器周围的区域和水电供应区域都是安全的，保证雪场营业时滑雪者的安全。

（4）要确保造雪机使用软管和电缆不能出现在滑雪场地坡面上，这样会对滑雪者造成危险，而且易造成软管和电缆损坏。

复习思考题

（1）造雪机和自然风向有怎样的关系？

（2）简述造雪机的种类和特征。

第七章　操作造雪机

本章导读

随着人们对滑雪运动的喜好程度不断增加，人们对雪场雪质的要求越来越高。造雪师熟练而正确地操作造雪机是完成高质量人工造雪任务的重要前提。本章主要介绍了造雪机的基本操作和维护内容，使学生能够掌握造雪机的操作步骤并延长造雪机的使用寿命。

第一节　造雪机基本操作

一、安置造雪机

在安置造雪机时要注意以下事项：

（1）建议把造雪机安置在一个尽可能水平的地方。

（2）造雪机安置后，要用千斤顶锁紧并安全地固定在地面上。

二、水连接

在造雪机上有一个中央可旋转的适配器与直径2厘米的快速连接器。造雪机通过一根直径2厘米的软管连接到水泵站。为了便于操作，该软管不应超过20米。如果与泵站的距离较长，则会使用若干米长的软管（注：推荐使用由设备厂家批准的造雪软管）。

三、电源连接

在每次移动造雪机后，务必检查机柜内的所有电源连接——它们在运输过程中可能会松动。检查和维护工作只能由被授权的人员进行。

四、启动造雪机

启动造雪机时需要按照以下步骤进行：

（1）打开电源。阀门的加热将自动运行。

（2）打开喷嘴圈的加热装置。如果需要，也要打开灯。

（3）连接供水系统。

（4）在预热时间后（10~30分钟），打开压缩机。在压力表上读取压力（最大2~4帕）。压力过高表明部分喷嘴仍被冰堵塞，关闭压缩机，打开加热器，并在2~3分钟后重复操作。

（5）打开风扇（注意：如果冰雪堵塞风扇或冻住风扇，不要打开风扇）。

（6）给水（缓慢打开水龙头）。

（7）调节水流流量。通过磁性阀的位置和进入的压力，水的流量被调整到适应环境条件的值（水压值的范围为8~40帕）。

五、改变水流流量

水流必须根据气候条件进行调整。由于水流速率的调整取决于许多参数，因此很难指定关于各个阶段之间的切换点的一般适用的数据。影响水流流量的因素有：

（1）空气温度和相对空气湿度。

（2）地面温度（积雪温度）。

（3）水温和水质。

（4）风。

（5）滑道的倾斜度和机器的倾角。

（6）期望的积雪质量（比重）。

（7）可以通过调节喷嘴排改变水流流量。

六、关闭造雪机

关闭造雪机时需要按照以下步骤进行：

（1）关闭水泵处的供水系统，并断开来自造雪机的供水软管。

（2）当喷嘴圈上没有水流出时，关闭压缩机和风扇。

（3）关闭加热。

（4）检查压缩机处的油位，必要时应重新加注。在正常运行条件下，应检查压缩机的油位。每10小时，必要时补充油。在极其陡峭的斜坡上，油的消耗量可能会稍微高一点。

七、报警装置

造雪机一般都会配备一个报警装置，可以显示造雪机的任何故障。通过报警装置，可以监控风扇和压缩机电机的电机保护开关。另外，在水力分离器上，有一个压力开关来监测空气压力。只有通过相应的水的反压，才能达到操作所需的空气压力。因此，如果供水出现问题（没有水压或软管有缺陷），也会激活报警装置。如果造雪机出现故障，报警装置将会发出闪光灯，但是在启动造雪机时，由于气压过低闪光灯会被激活，这是正常现象，在正常功能下，它可能不会被激活。

第二节　造雪机维护

为了保证造雪机正常工作及提高使用寿命，需要定期对造雪机进行维护。造雪机维护应该注意以下要点。

一、夏季服务

在每一个雪季结束之后，在夏季储存机器之前，要直接对造雪机进行保养。并附上一个要完成的工作检查清单。

二、压缩机

必须严格遵守机器运行50小时后第一次换油的时间。此外，应在雪季结束后或使用500小时后更换机油（油质：使用美孚RARUS SHC1024或等效油）。

三、喷嘴圈

尽管有预先过滤过的水，但可能会有个别微小的雾化喷嘴堵塞。在相应工具的帮助下，喷嘴可以很容易地拧开进行清洗。正常工作的喷洒喷嘴是造雪机无故障运行的一个条件。因故工作不畅的喷嘴将导致喷嘴圈结冰。

四、滤水器

为避免过滤器的严重污染，建议同时保护高压离心泵（泵站），在泵房安装水过滤器，除非是直接从总水管供水。

过滤器的清洗间隔取决于水的污染程度。特别是对于新的造雪机，由于在整个安装过程中管道中会有污垢，应该更频繁地检查过滤器，在使用前应仔细冲洗管道和系统。

在清洗滤水器时，可以在热水和软肥皂中清洗。必要时可使用笔刷，不要使用压力较大的水流冲洗。

五、压力调节核子器

供水用的压力调节器是在出厂时预设的。如果压力调节不起作用，即成核水压力过高，压缩机的安全阀启动，则必须检查阀门的移动性。

高级别的核水压力为7.0帕；低级别的核水压力为4.5帕。

当成核水压力过高时，可按如下步骤进行调整：

（1）成核水的调压阀直接安装在阀块上。取下机器的后盖后，你可以看到阀块。

（2）现在你可以看到调压阀的调节螺钉了。顺时针旋转增加压力，逆时针旋转成核压力下降。

（3）检查风管中压力表的压力变化情况。为了调整阀门，让造雪机运行1排和2排（成核排和1排）。

（4）通过转动调节螺钉，调节成核水的压力至4.5/7.0帕。调整后，用反螺母固定螺钉。

如果压力没有变化，请按以下操作进行：

（1）在调节螺钉上标记调节调节阀的弹簧阻力，然后拧下螺钉，直到弹簧完全自由。

（2）打开阀门盖，取出弹簧板和压力弹簧。

（3）用扁平扳手SW10进行转动和拉动，取下活塞进行调整。检查以确保活塞保持良好。

（4）同时检查两个O型圈是否损坏，并清洁可能造成的污染。

（5）用防水油脂在O型圈的轨道上涂上润滑脂，然后按相反的顺序重新组装起来。

（6）如上所述，将成核水的压力调整为4.5/7.0帕。

六、电气部分维护

需要每年对所有电气设备进行一次维护。具体包括以下几点：

（1）检查电气连接件是否已安装（拧紧连接螺钉）。

（2）对电线的视觉控制。

（3）检查螺纹电缆压盖是否适合（电气箱的密封性）。

（4）必须每月按一次紧急停止按钮。如果开关未释放或无法再次打开，则有损坏，必须立即修复。

复习思考题

（1）造雪中喷洒的核子起什么作用?

（2）简述造雪机的基本操作过程。

（3）结合实际，谈谈造雪机维护应注意的要点。